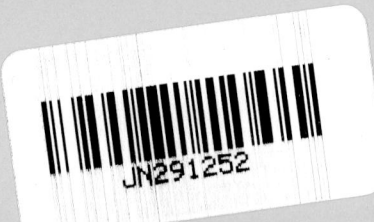

かんたん かわいい

おりがみ

坂田英昭 著

東京書店

かんたん かわいい

おりがみ

もくじ

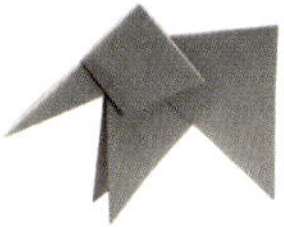
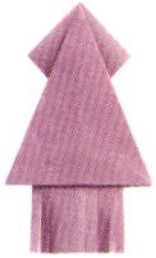

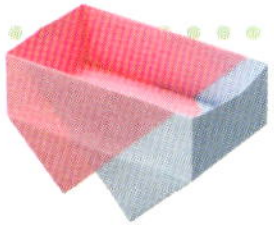
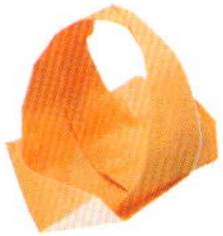

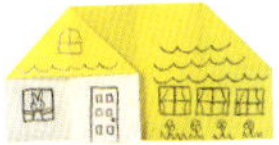
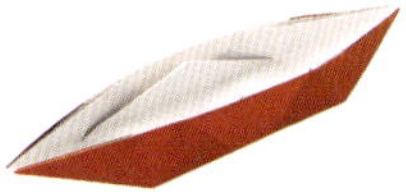

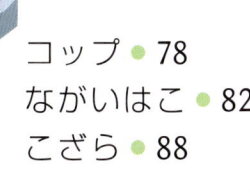

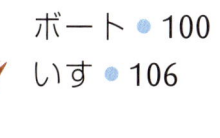

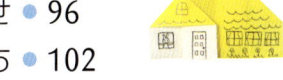

おりがみさくひんしゅう①

ちょう
48ページ
はなたば
31ページ
カタバミ
22ページ

おりがみさくひんしゅう②

ひつじ
72ページ
さる
62ページ

おりがみさくひんしゅう③

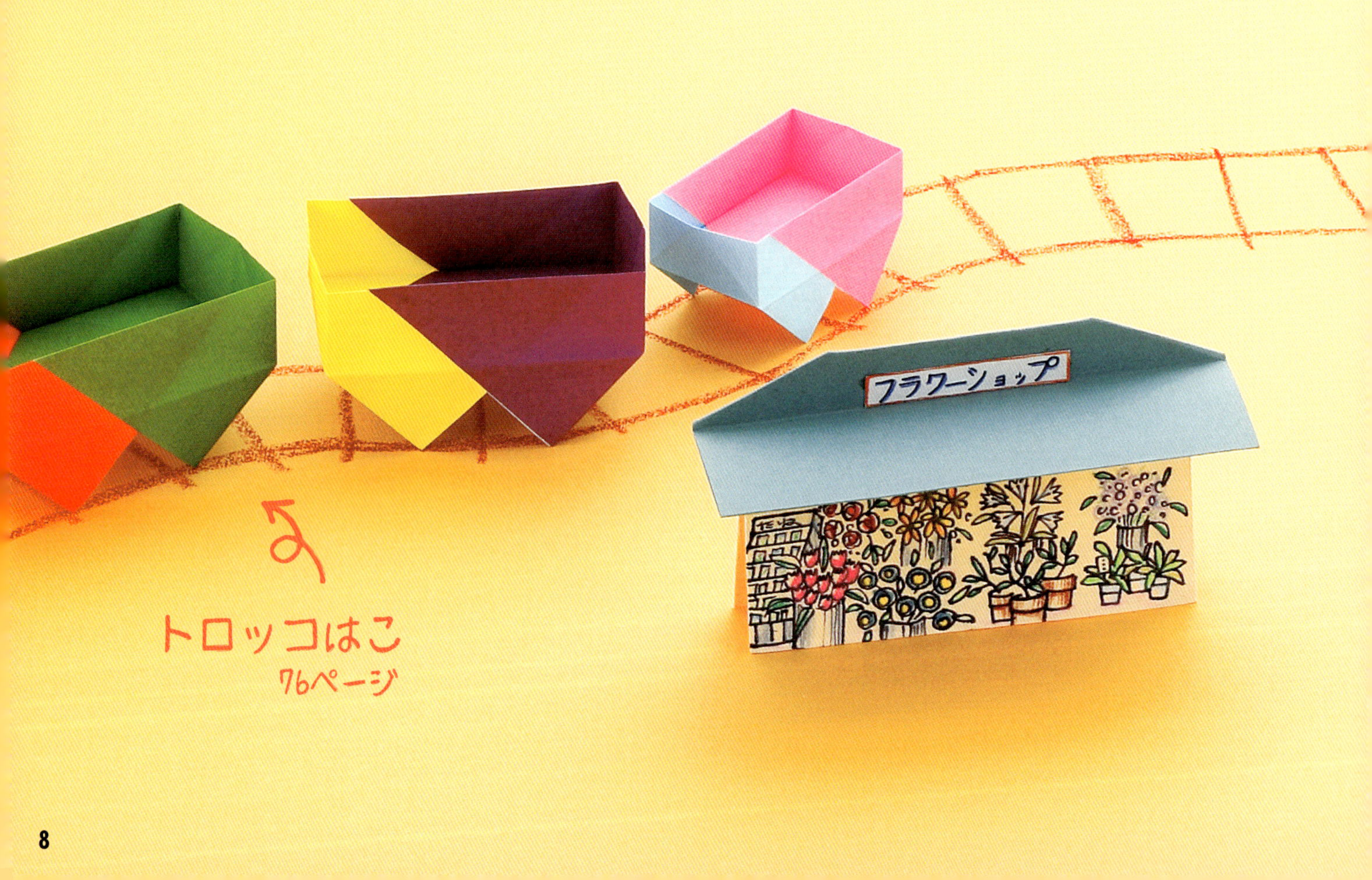

トロッコはこ
76ページ

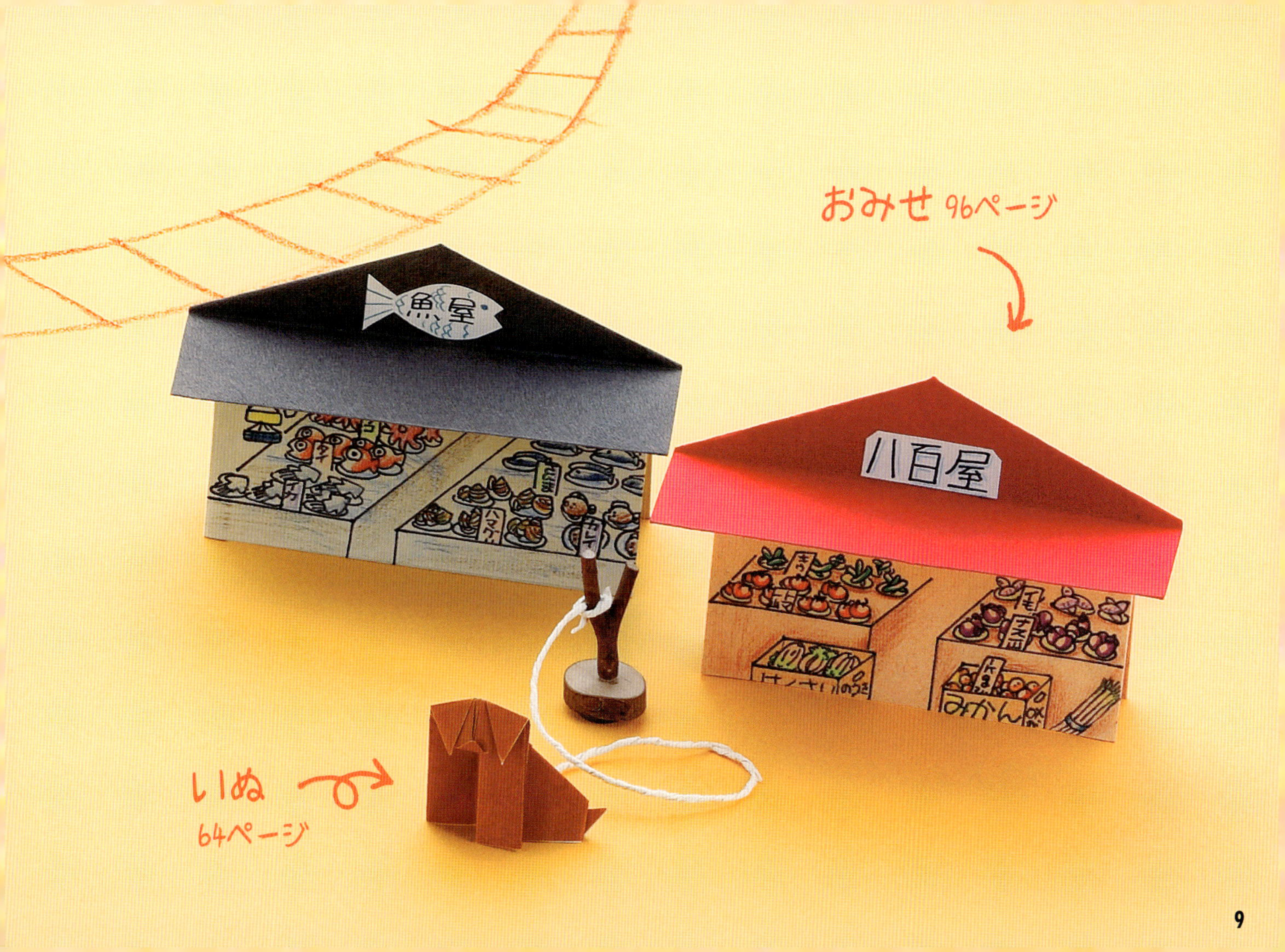

おみせ 96ページ

いぬ
64ページ

はじめに

　折《お》り紙《がみ》の魅力《みりょく》のひとつは、指《ゆび》と紙《かみ》だけで、さまざまな造形《ぞうけい》や色彩《しきさい》を楽《たの》しめるところにあります。

　紙《かみ》は市販《しはん》されている折《お》り紙《がみ》でよいのですが、そのほかにも新聞紙《しんぶんし》、新聞《しんぶん》の折《お》り込《こ》みチラシ、古雑誌《ふるざっし》、デパートの包装紙《ほうそうし》など、どのような紙《かみ》でも利用《りよう》できます。折《お》る作品《さくひん》によっては、やわらかい紙《かみ》が適《てき》しているものもあれば、かための紙《かみ》が適《てき》しているものもあるので、紙《かみ》の質《しつ》や厚《あつ》さなども考《かんが》えて選《えら》んでください。

　また、ここに紹介《しょうかい》した折《お》り方《かた》は、あくまで手本《てほん》であり、こうしなければいけないというものではありません。親《おや》と子《こ》がいっしょに折《お》り紙《がみ》を進《すす》めていくなかで、創造《そうぞう》の喜《よろこ》びを見《み》つけていく――　これこそが大事《だいじ》なことであり、子《こ》どもの創造力《そうぞうりょく》と、折《お》り紙《がみ》の可能性《かのうせい》を広《ひろ》げることにつながります。

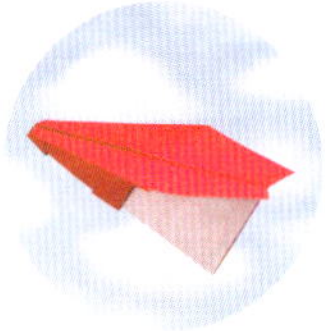

おりかたのきごう①

このほんでは、つぎのようなきごうをつかって、おりかたをせつめいしています。おりはじめるまえに、かならずおぼえておきましょう。

●やじるし

かみがいどうするほうこうをあわす。
はおもてへ、　はうら へ
いくうごきをあらわす

●たにおりせん

おると、てんせんが、うちがわになる

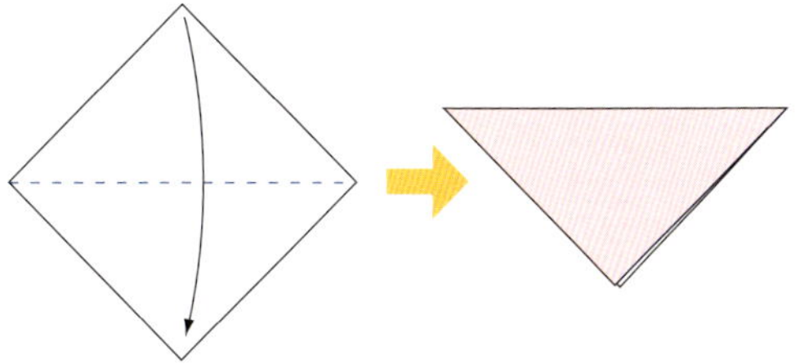

●やまおりせん

おると、てんせんが、そとがわになる

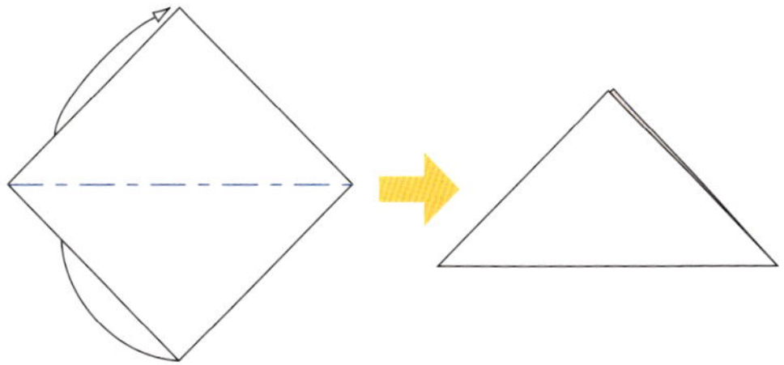

●かくれせん

うちがわにかくれているせんや、かたちをあらわす

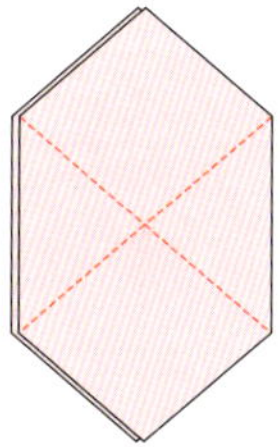

●きりこみせん

はさみできりこみをいれる

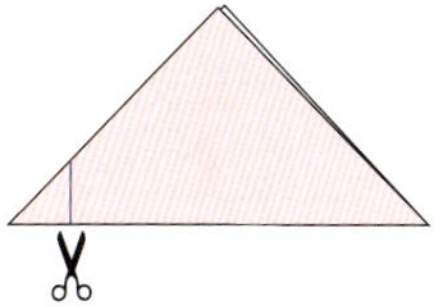

おりかたのきごう②

うらがえす

おもてとうらをはんたいにする

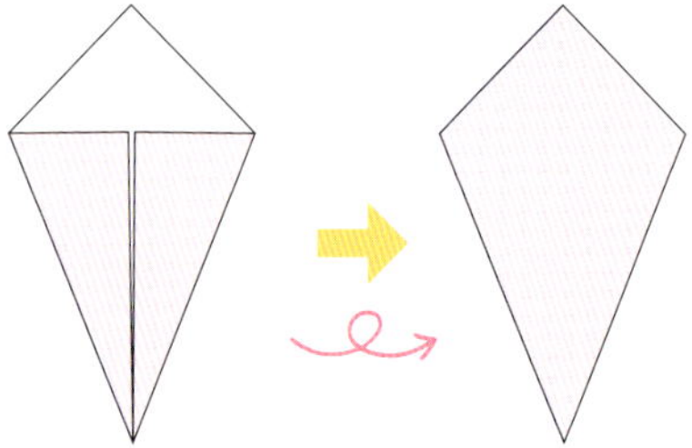

おなじながさ

おるながさのめやすにする

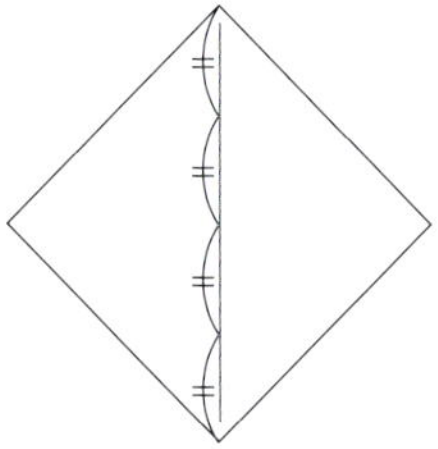

おりせんをつけてひらく

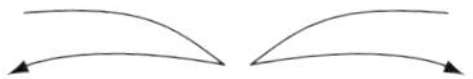

なかわりおり（13ページ）をするときなど、おりせんをつけてじゅんびする

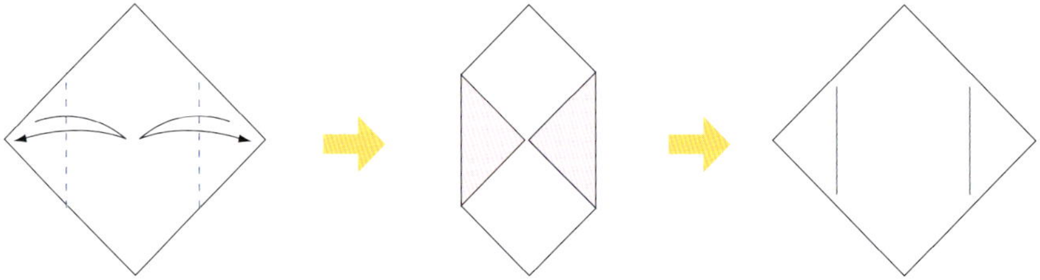

きそおり①

おりかたには、たにおり、やまおりだけでなく、かぶせおりや、なかわりおり、つまみおりなどがあります。

なかわりおり

1

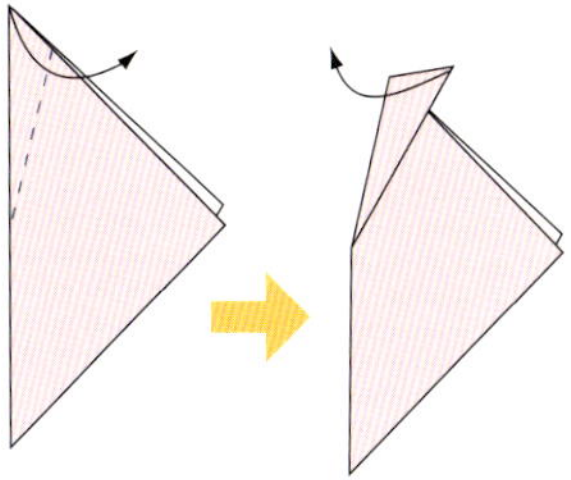

なかにおりこむはばをきめたら、いちどおりさげて、もとにもどす

2

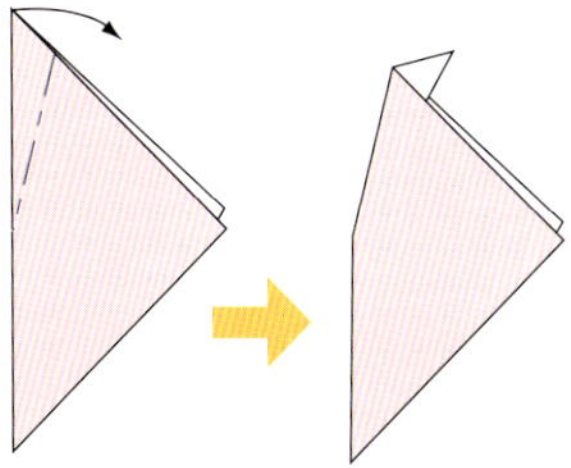

❶でつけたたにおりせんにあわせて、うちがわにおりさげる

かぶせおり

1

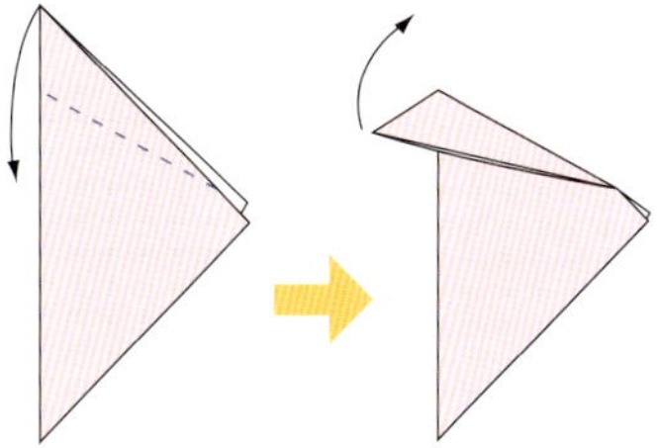

かぶせるはばをきめたら、いちどおりさげて、もとにもどす

2

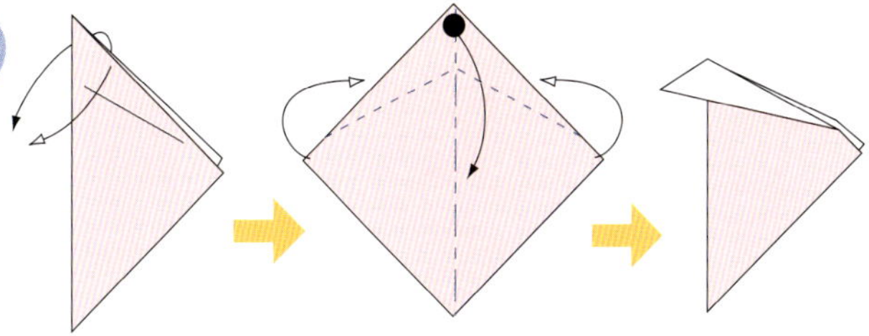

いったんひらき、❶でつけたたにおりせんにあわせて、●をかぶせながら、やまおりする

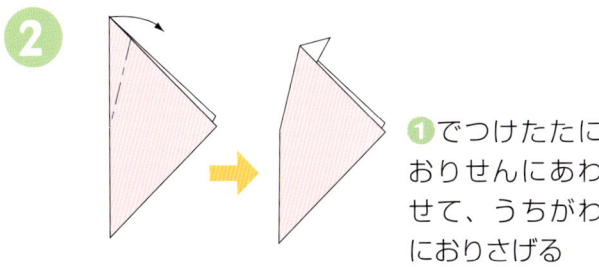

きそおり②

かえしおり

1

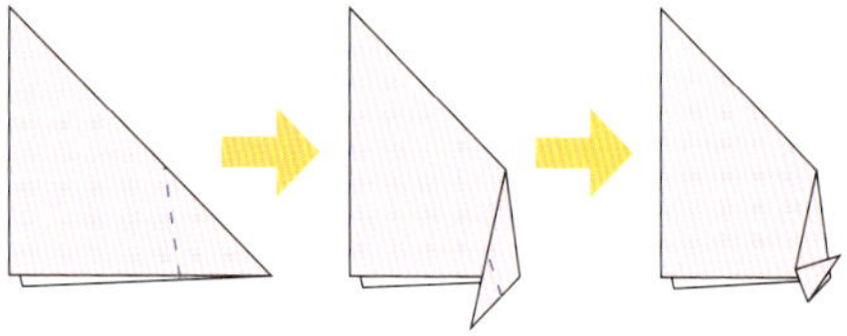

たがいちがいにおって、なかにおるはばと、そとにだすさきのはばをきめ、もとにもどす

2

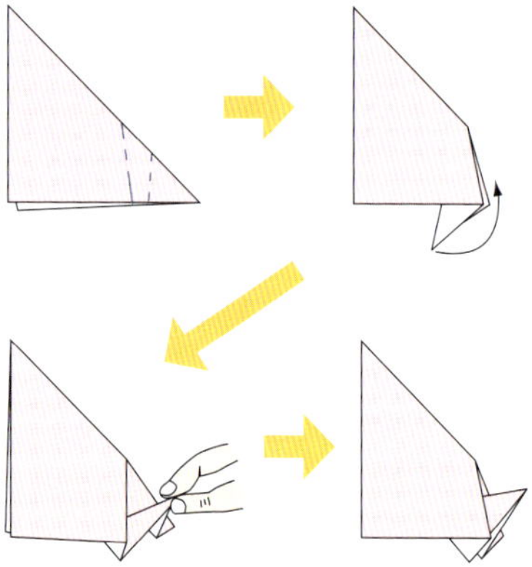

①でつけたふたつのたにおりせんを、じゅんばんになかわりおりし、かどをだす

つまみおり

1

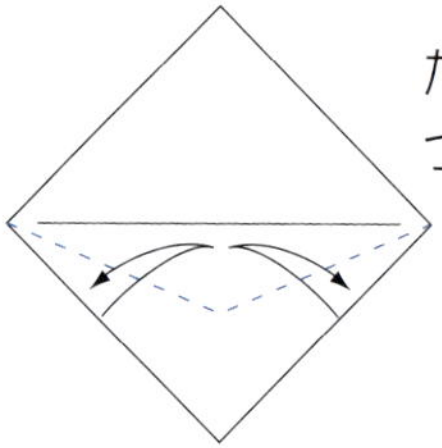

たにおりせんをつけてひらく

2

○と○をあわせて、おもてがわから、かどをつまむようにしておる

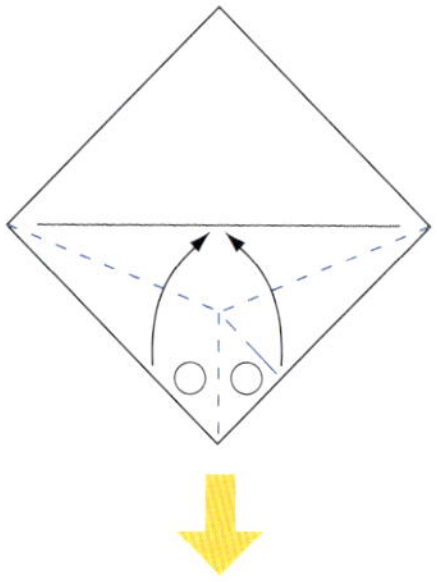

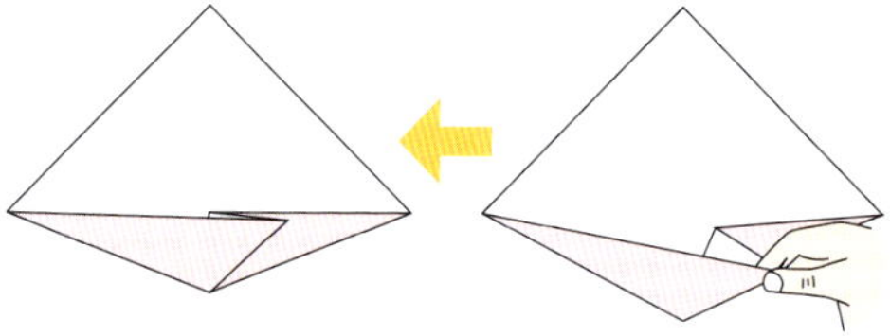

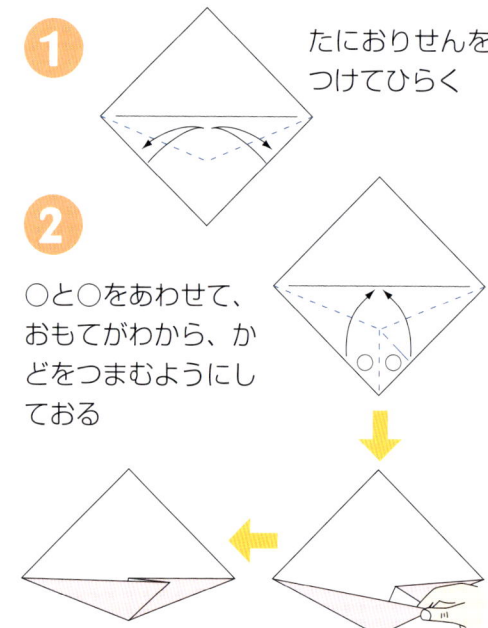

はな

さくらのはなびら

さくらのはなびらを、いちまい、いちまいおっていきます。5まいつくって、さくらのはなのようにならべるのもよいでしょう。

1

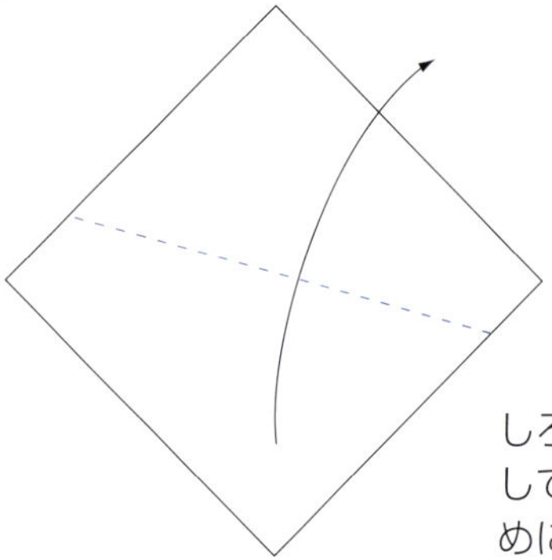

しろいめんをおもてにしておき、すこしななめにおる

2

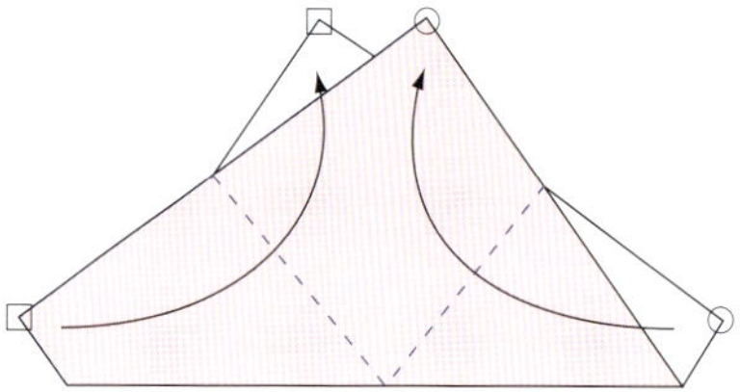

○と○、□と□のかどを、あわせておる

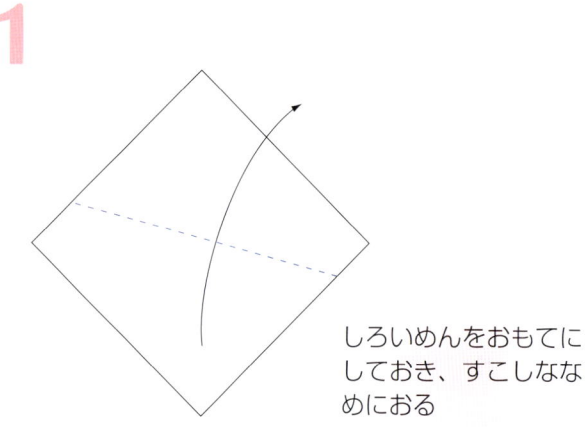

3

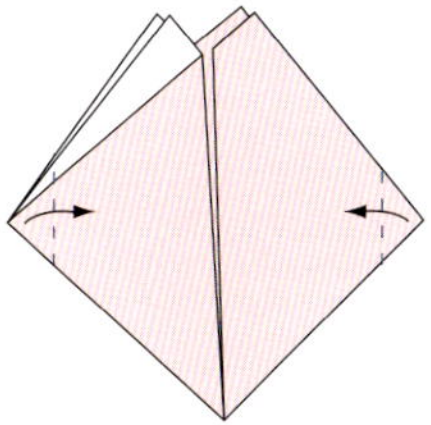

かどをおる

4

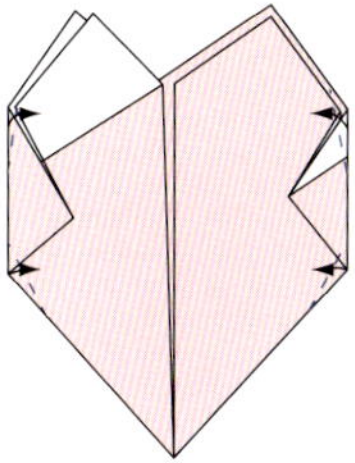

4つのかどをおり、
まるみをつける

5

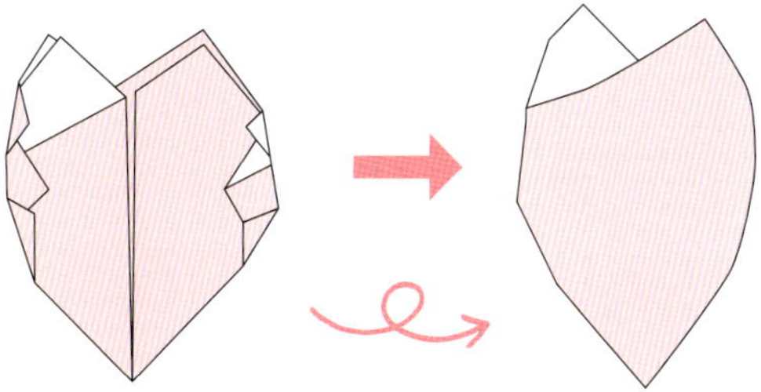

うらがえして、
できあがり

5まいつくって
さくらのはな

バラ

バラのはなびらが、かさなりあっているようすをあらわしています。まんなかは、うえにたたせるのがポイントです。

1

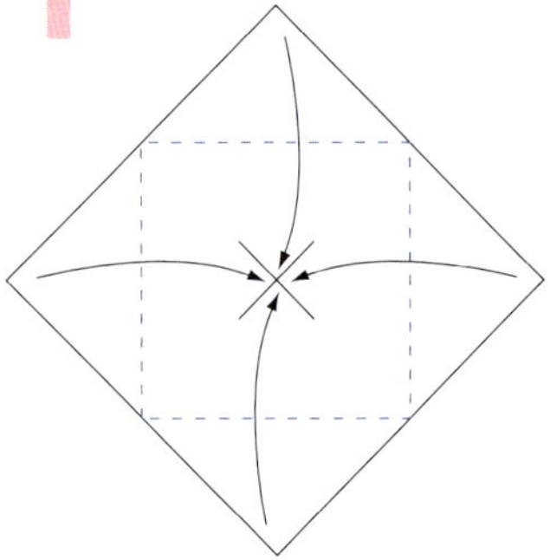

しろいめんをおもてにしておき、4つのかどをちゅうしんにむけておる

2

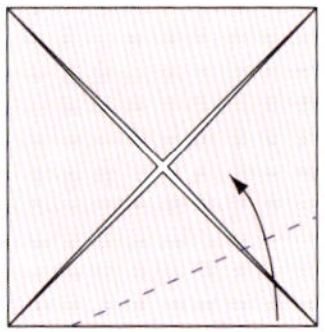

かどをおる

3

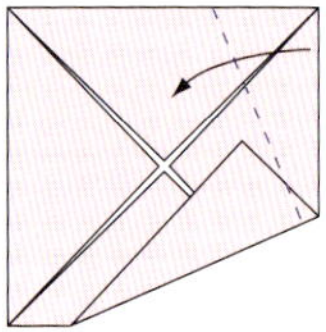

つぎのかどをおる

4

イラスト
かくだい

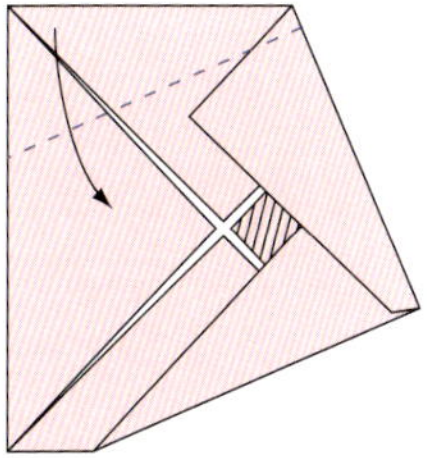

▨のぶぶんが、ましかくになるようにおる

5

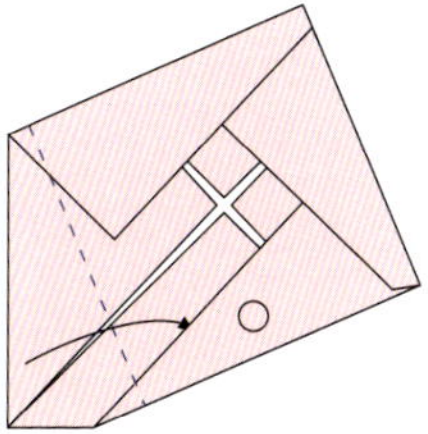

さいごのかどは、○のしたにさしこむ

6

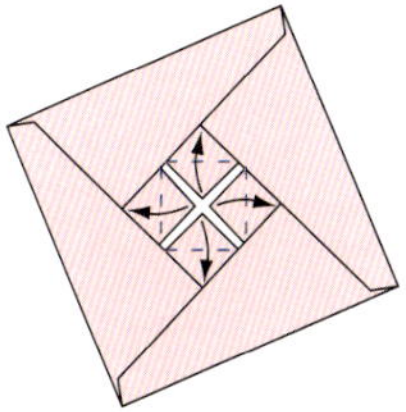

まんなかの、4つのかどをたてる

7

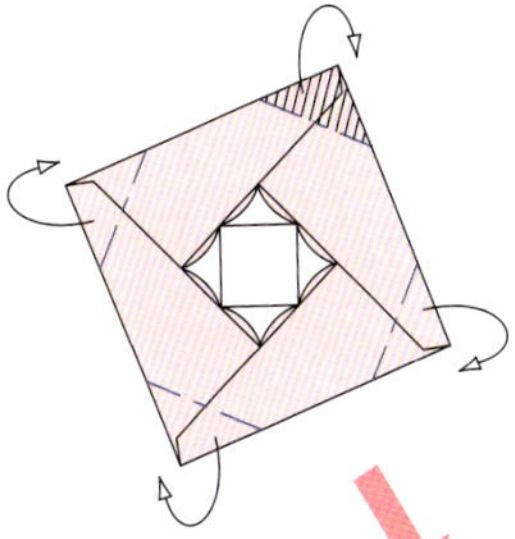

△のぶぶんを、すべておなじおおきさにして、うらがわにおって、できあがり

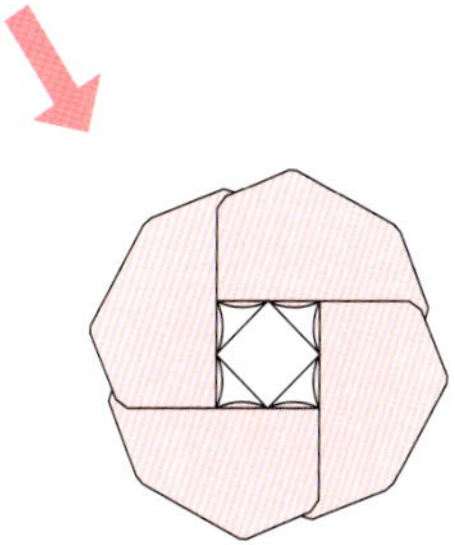

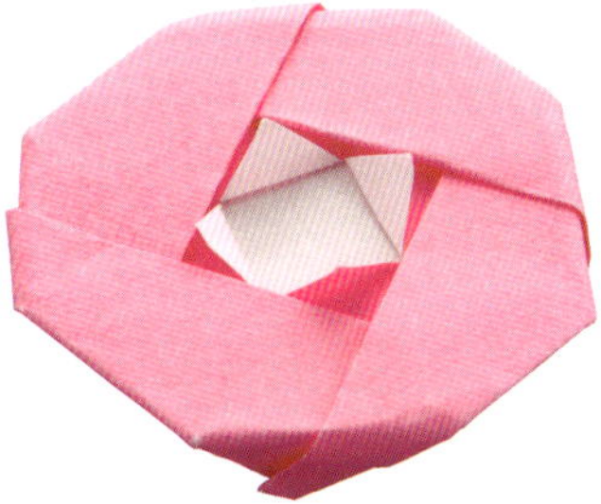

すいれん

すいめんにうかぶ、すいれんのはな。6～7でうらがえすときは、やぶれないようにちゅういしてください。わしなどでおるとキレイにできます。

1

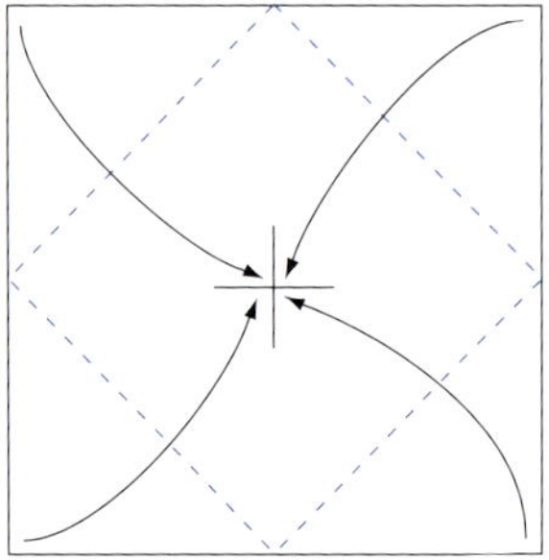

しろいめんをおもてにしておき、4つのかどをちゅうしんにむけておる

2

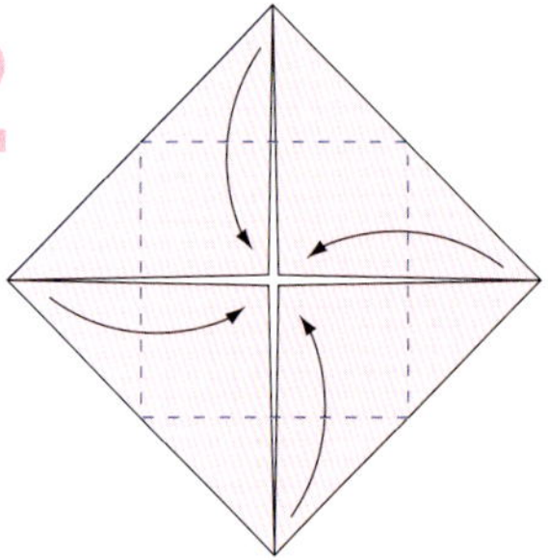

さらに、ちゅうしんにむけておる

3

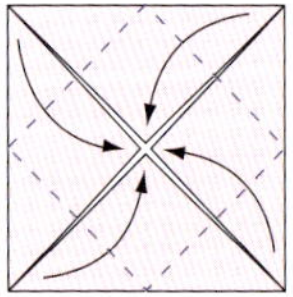

もういっかい、ちゅうしんにむけておる

4

イラスト
かくだい

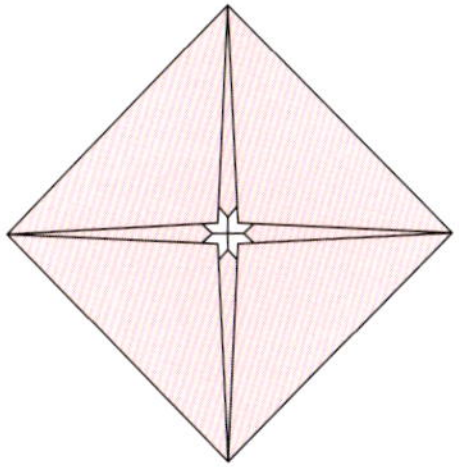

うらがえす

5

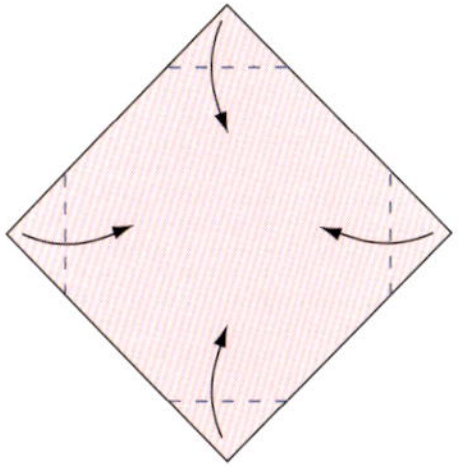

4つのかどをおる

6

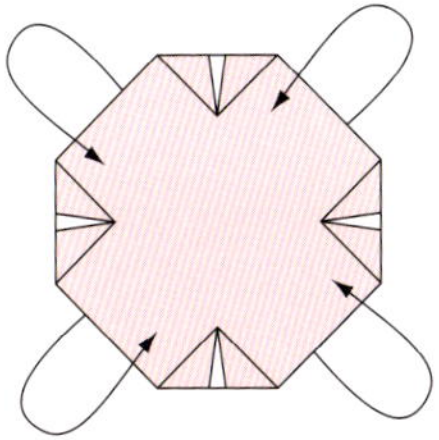

うらがわから、はなびらをひっくりかえして、はなびらをだす

7

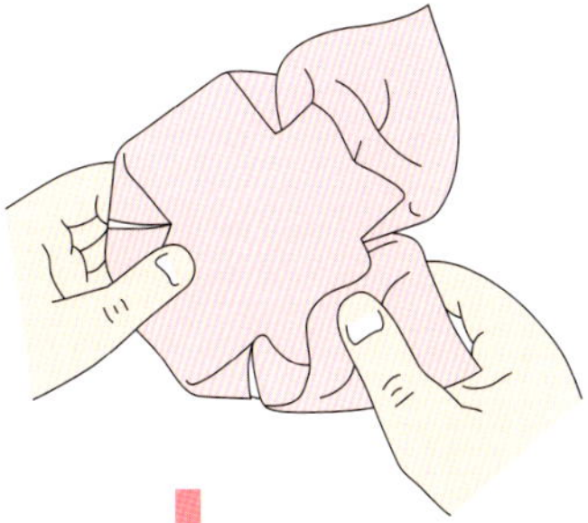

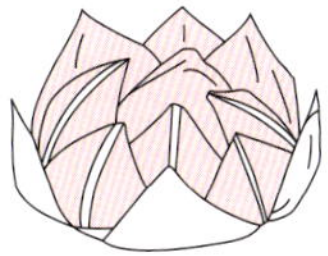

12まいのはなびらをだして、できあがり

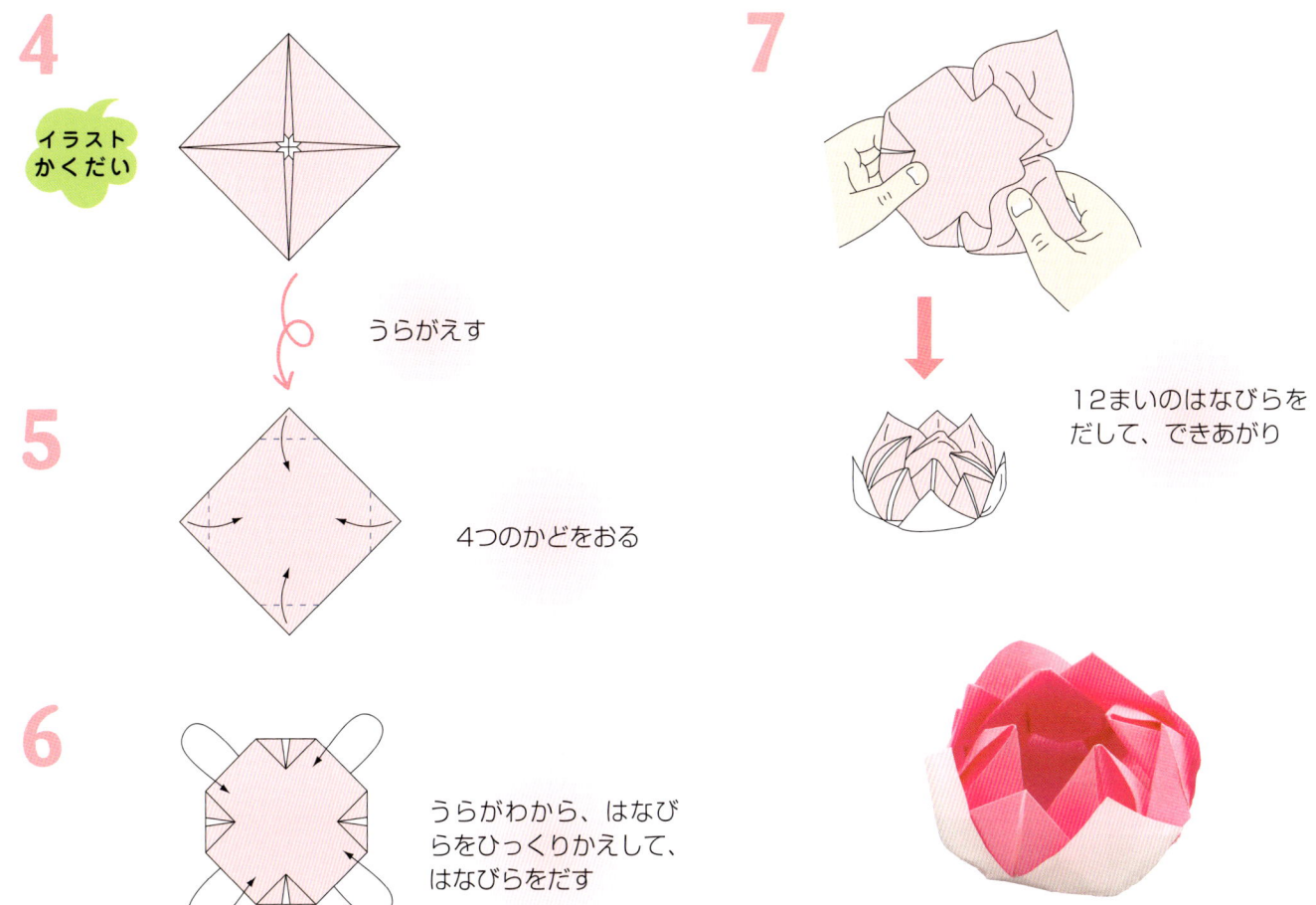

カタバミ

カタバミのなかまには、しろやピンク、むらさきなど
さまざまないろのはながあります。7.5センチくらい
の、ちいさめのおりがみでつくると、よいでしょう。

1

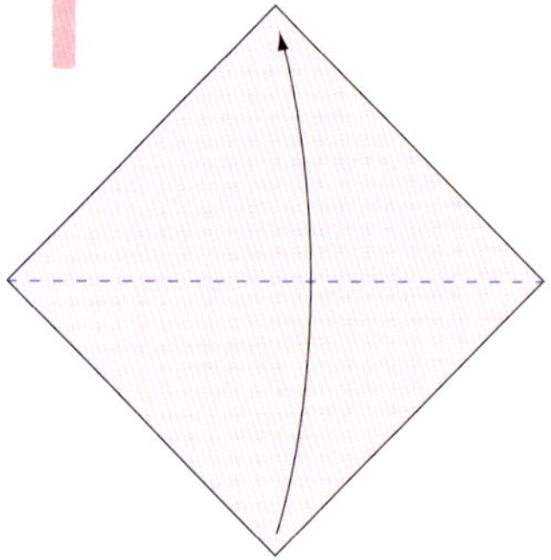

いろのついためんをお
もてにしておき、さん
かくにおる

2

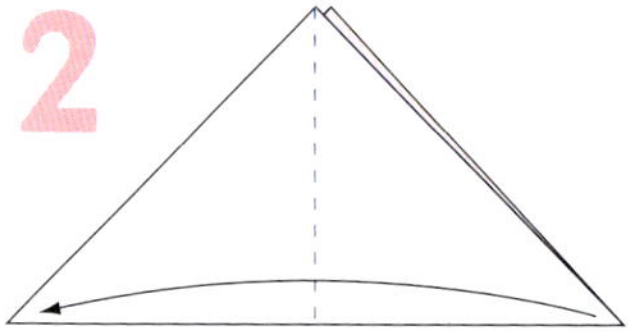

さらに、さんかくにおる

3

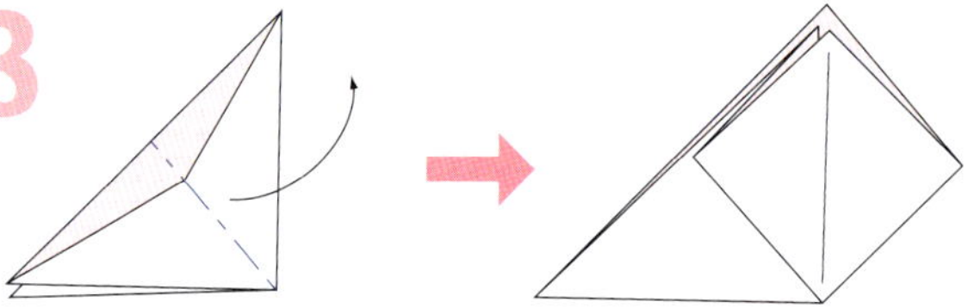

ひらいて、
しかくにつぶす

うらがえして、おなじ
ようにひらいてつぶす

4

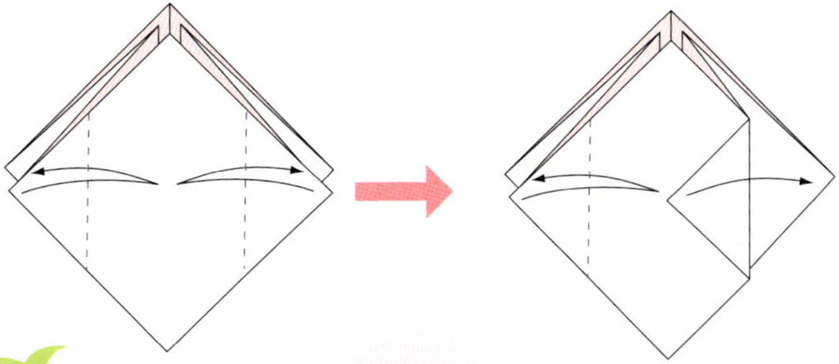

たにおりで、おりせん
をつけて、ひらく

イラスト
かくだい

5

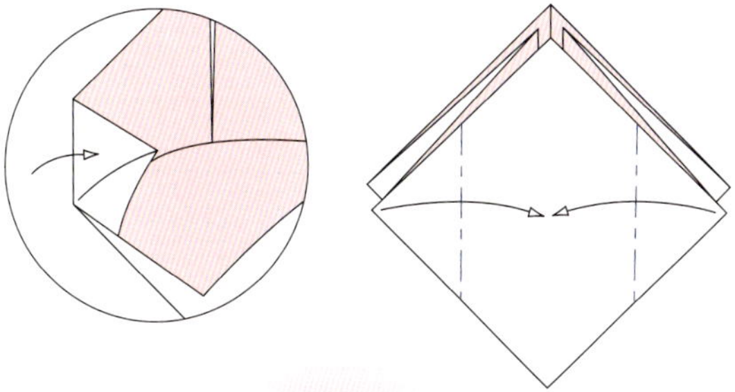

4でつけたおりせんを、
なかわりおりにする。う
らがわもおなじに

6

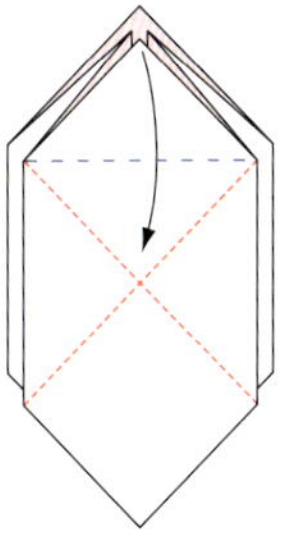

1まいだけ、したにおる。
ほかの3つもおなじに

7

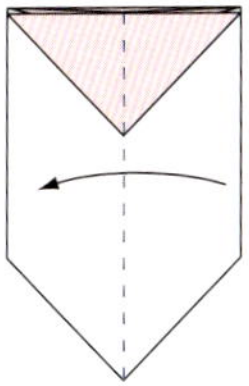

たてに、はんぶんにおる

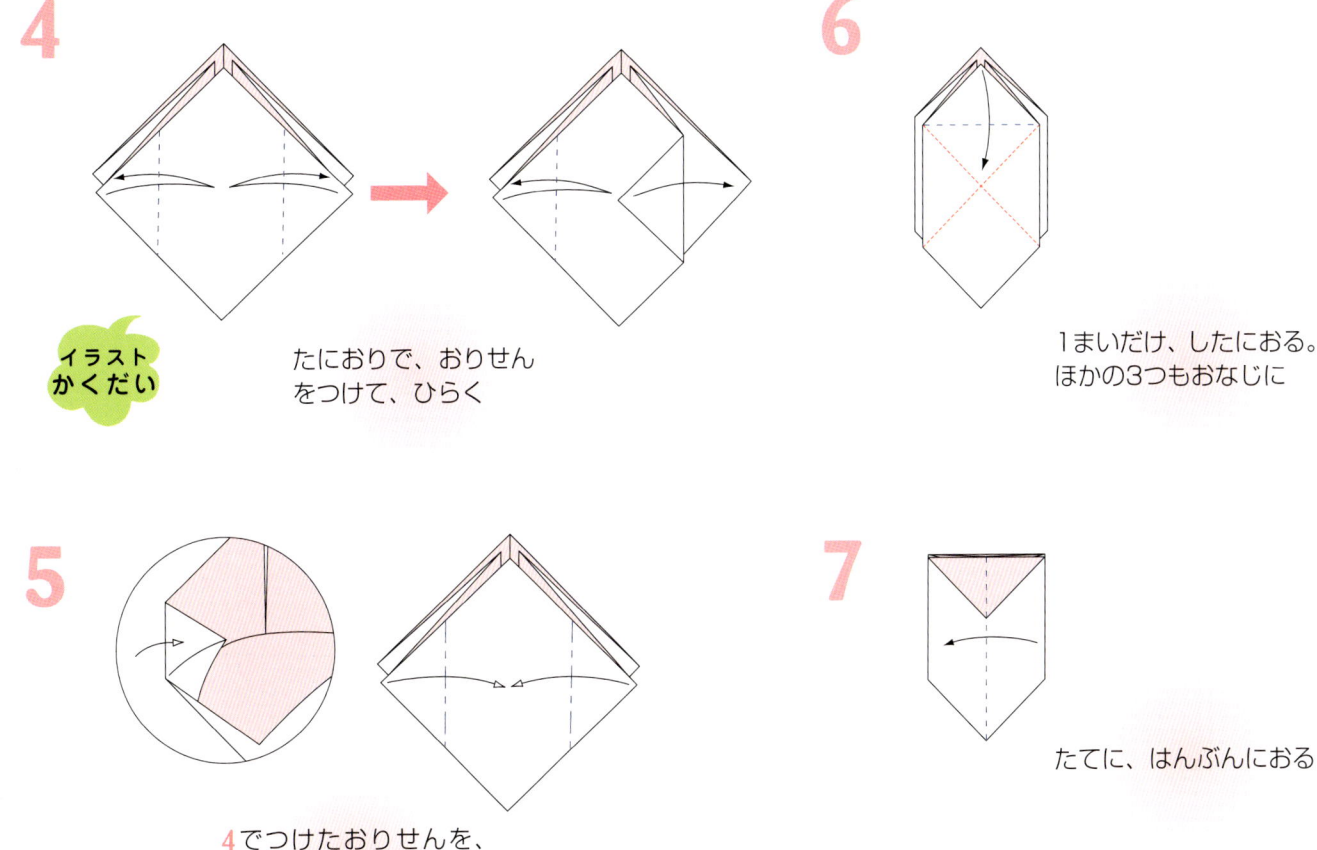

8

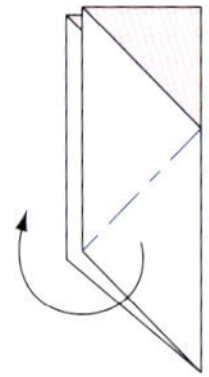

なかわりおりにする

9

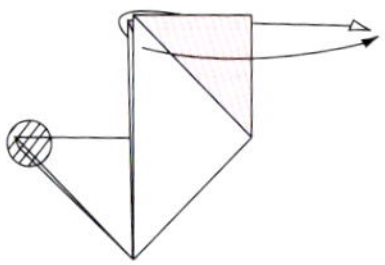

◍をつまみながらそとがわの2まいのはなびらをひらく

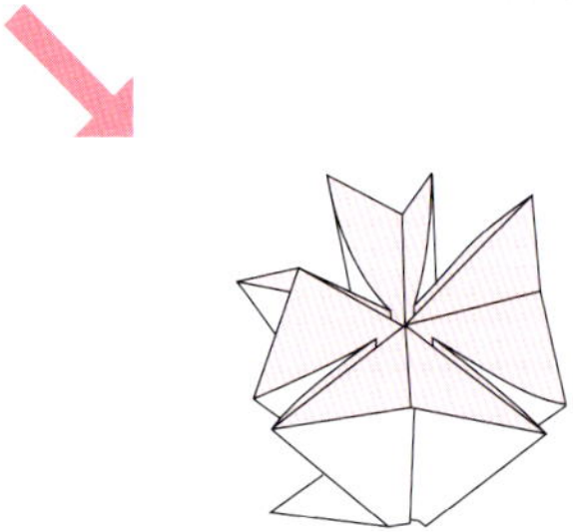

10

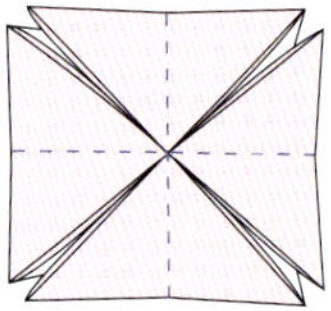

はなびらをすべてひらき、まんなかをたにおりにしてできあがり

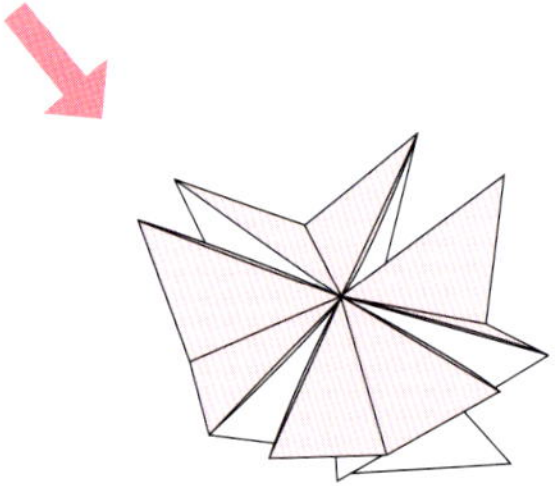

チューリップとはっぱ

はなは、はっぱの1／4のサイズのかみでおると、くみあわせたときに、きれいにみえます。くきは、くふうしてつくりましょう。

チューリップ1のおりかた

1

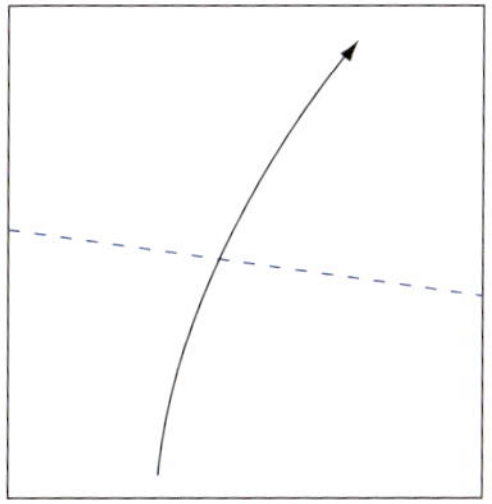

しろいめんをおもてにしておき、すこしななめにおる

2

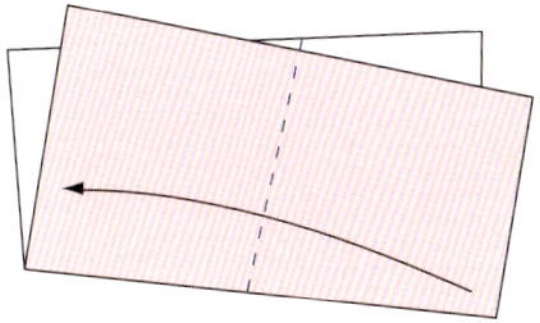

みぎしたのかどをやじるしのほうこうに、すこしずらしておる

3

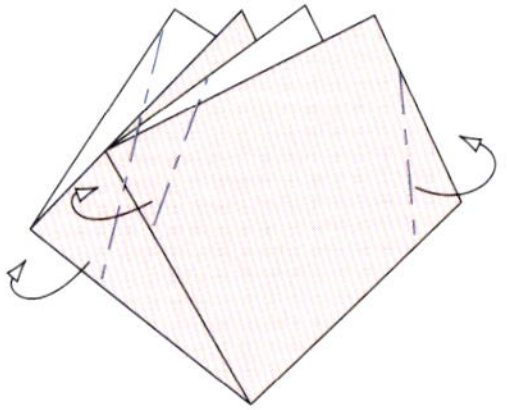

かどを、うらがわにおる

4

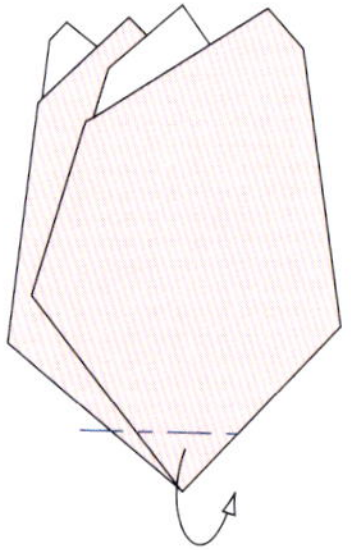

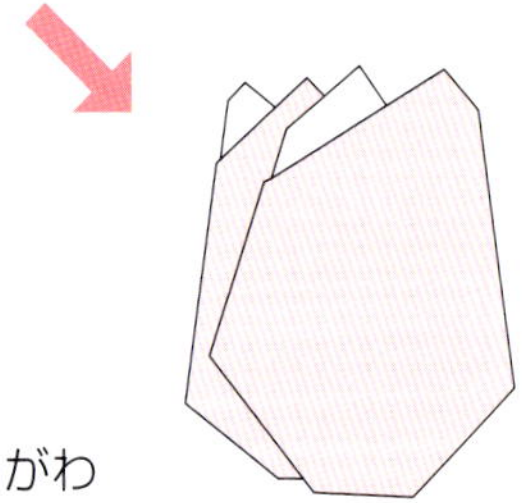

したのかどを、うらがわにおって、できあがり

チューリップ2のおりかた

1

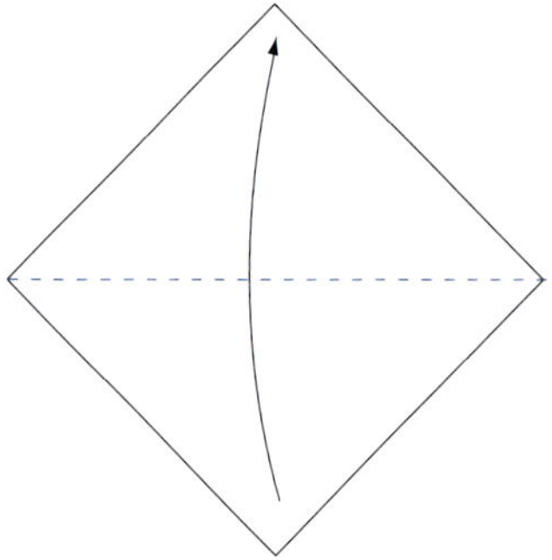

しろいめんをおもてにしておき、さんかくにおる

2

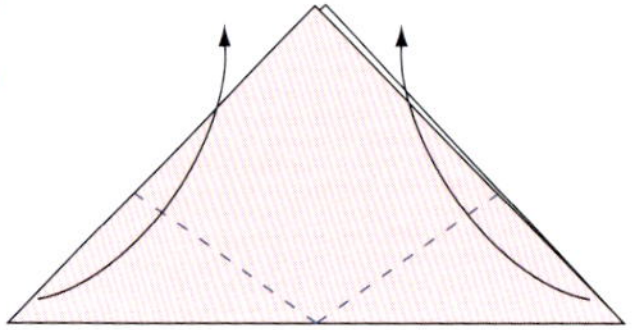

みぎとひだりのかどをやじるしのほうこうに、おって、できあがり

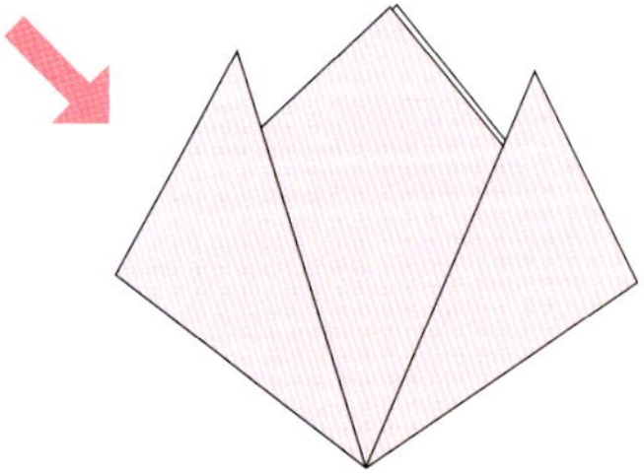

チューリップのはっぱのおりかた

1

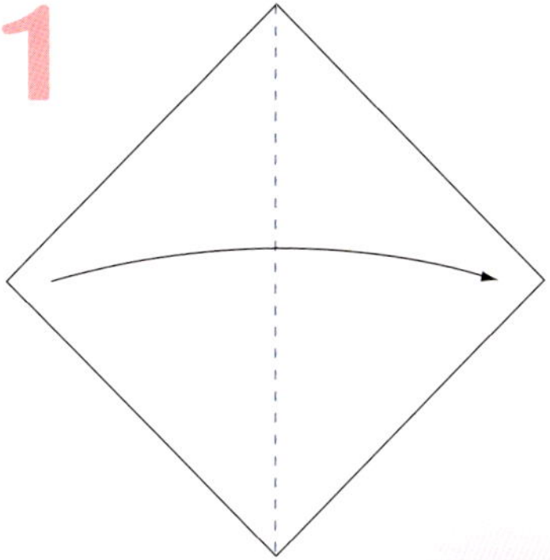

しろいめんをおもてに
しておき、さんかくに
おる

2

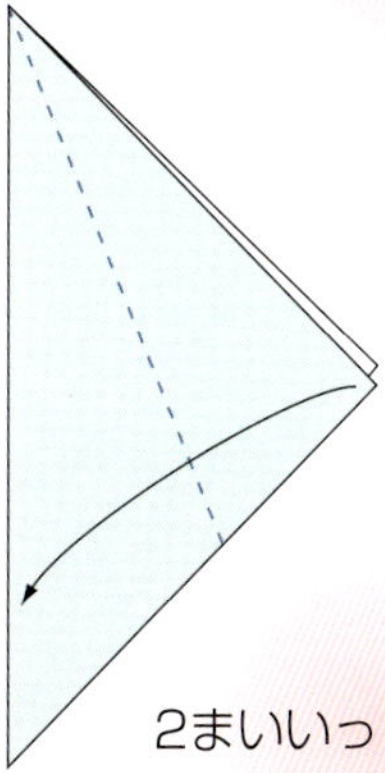

2まいいっしょにおる

3

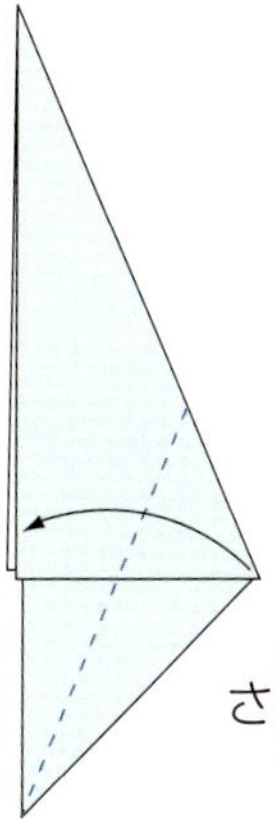

さらに2つにおる

4

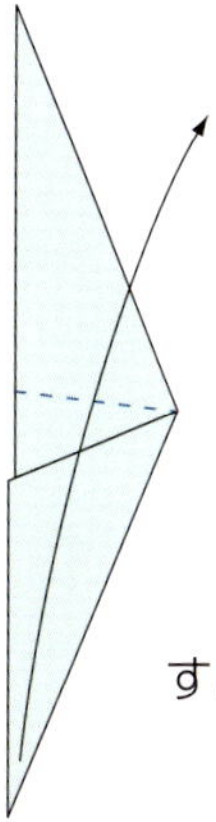

すこしななめにおる

5

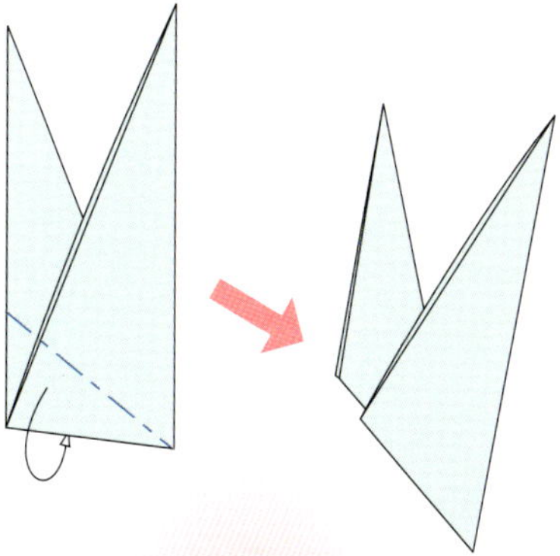

したのぶぶんをうらがわ
におって、できあがり

くみあわせて
チューリップとはっぱ

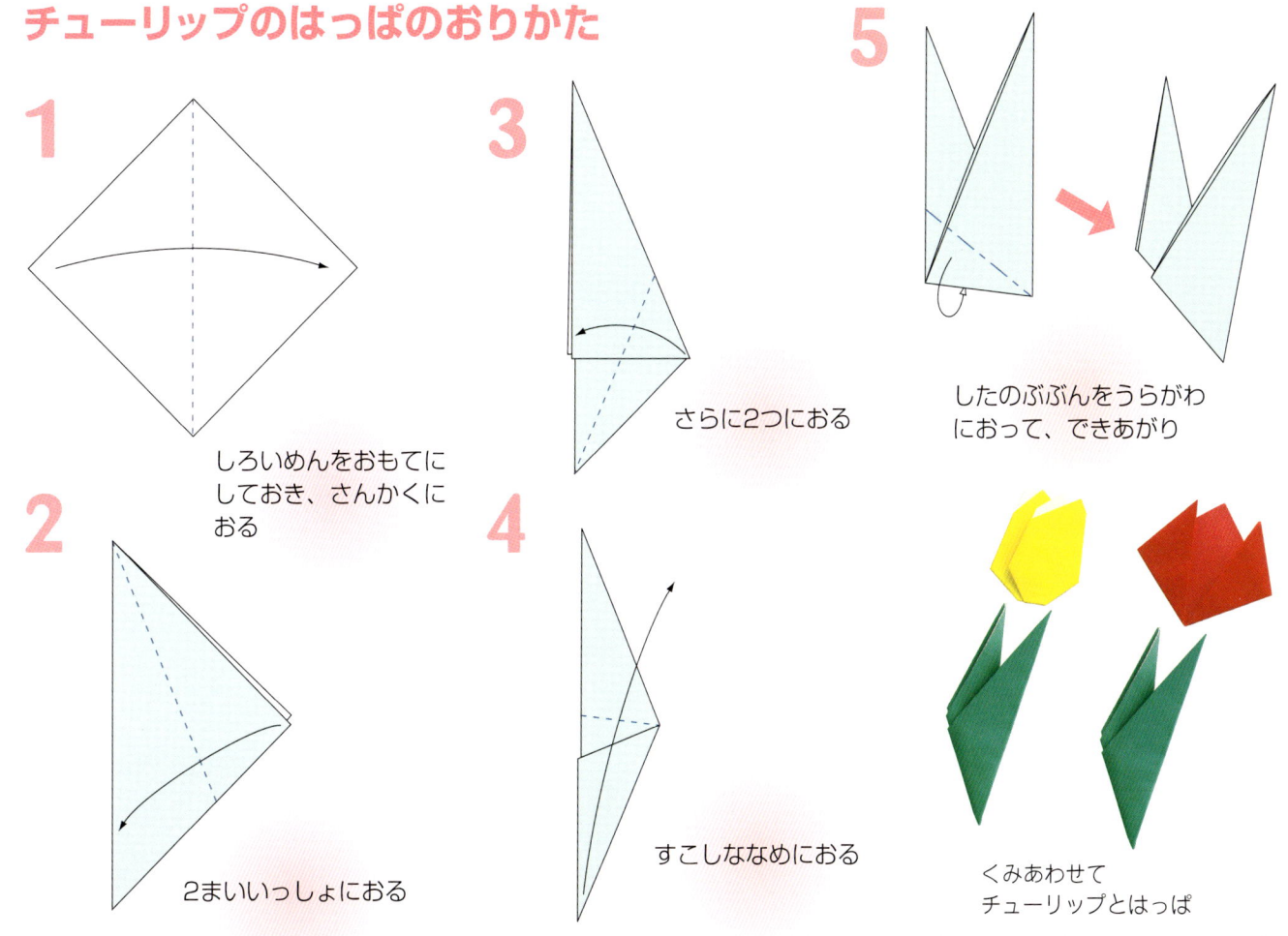

はなとはっぱ

4まいのはなびらをつけたかわいいはなに、はっぱをくみあわせました。はっぱは、チューリップのはなとくみあわせることもできます。

はなのおりかた

1

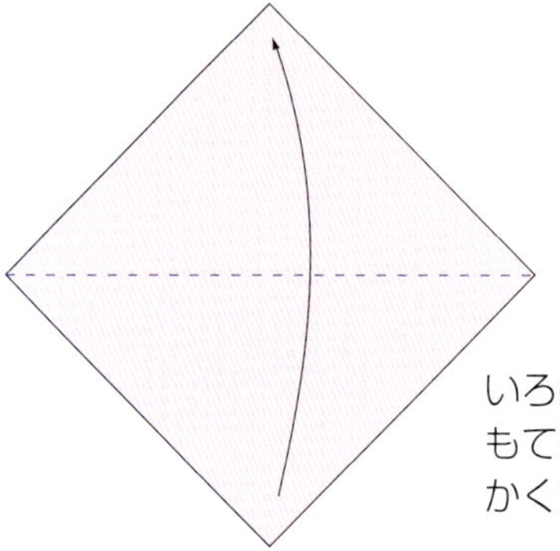

いろのついためんをおもてにしておき、さんかくにおる

2

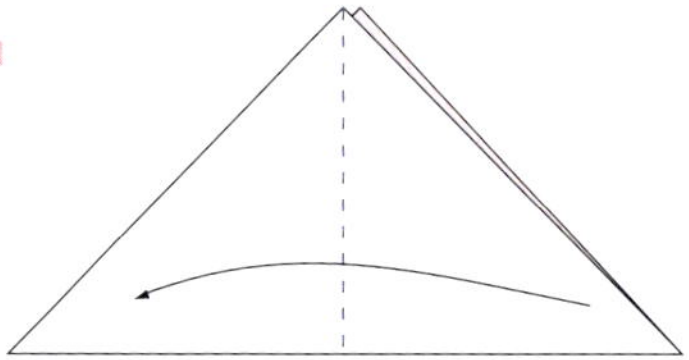

さらに、さんかくにおる

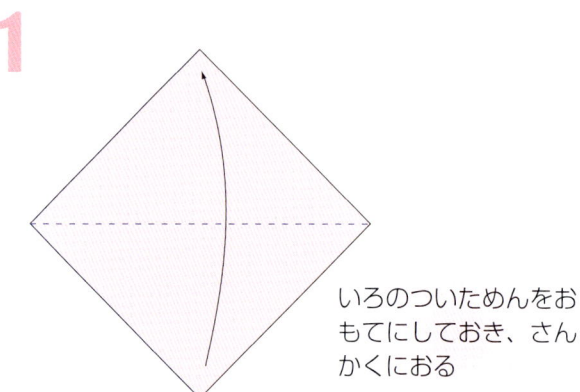

3

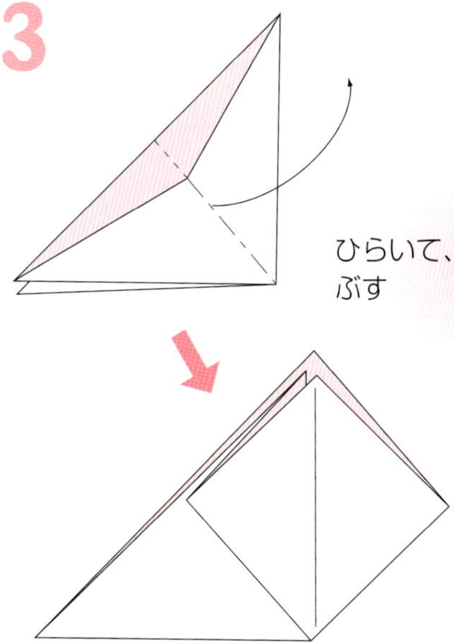

ひらいて、しかくにつぶす

うらがえす

4

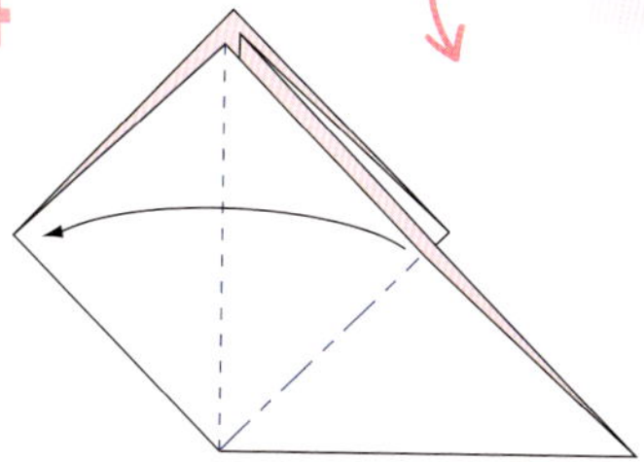

おなじように、ひらいてしかくにつぶす

5

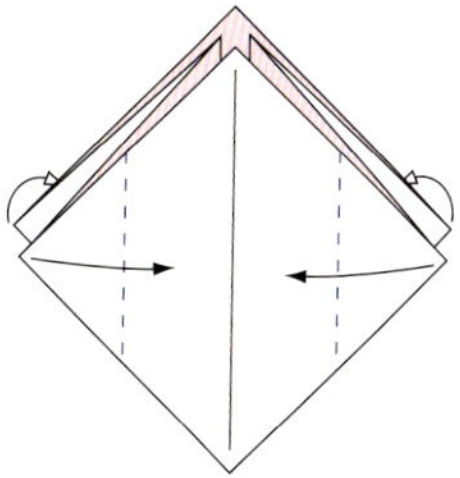

かどを、ちゅうしんにむけておる。うらがわも、おなじようにおる

6

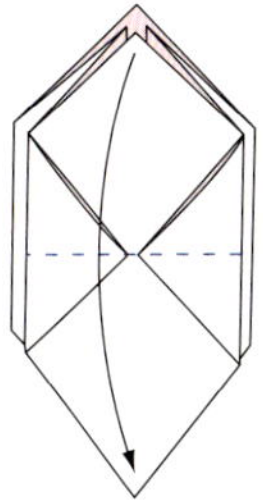

うえの1まいを、おりさげる

7

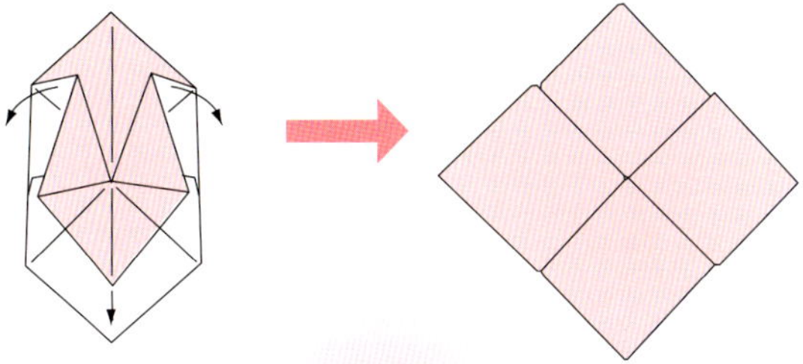

ほかの3まいが、しぜんにひらいて、できあがり

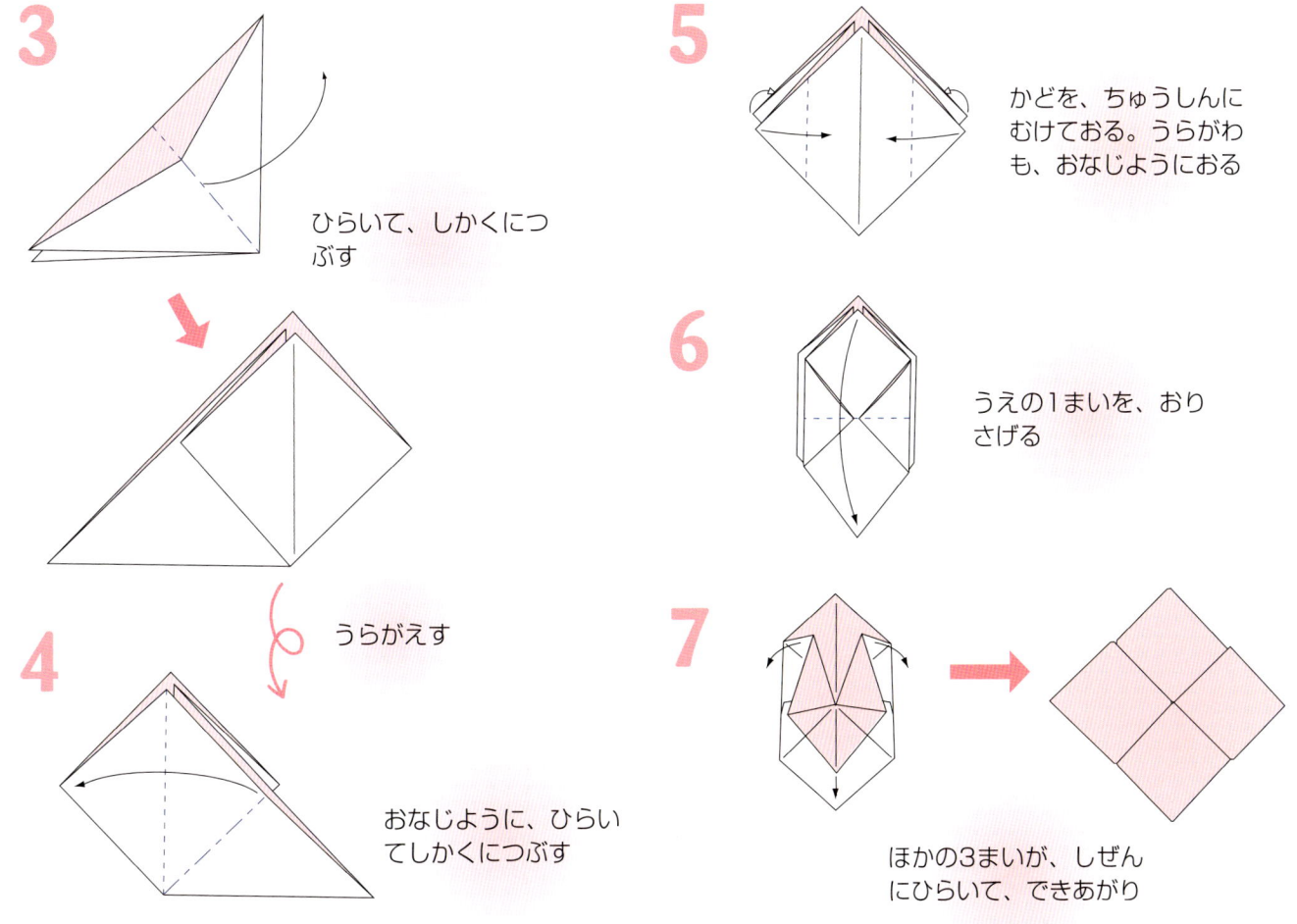

はっぱのおりかた

1

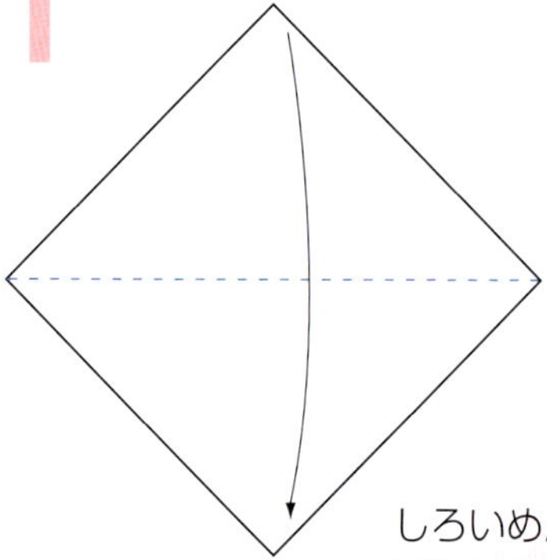

しろいめんを、おもてにしておき、さんかくにおる

2

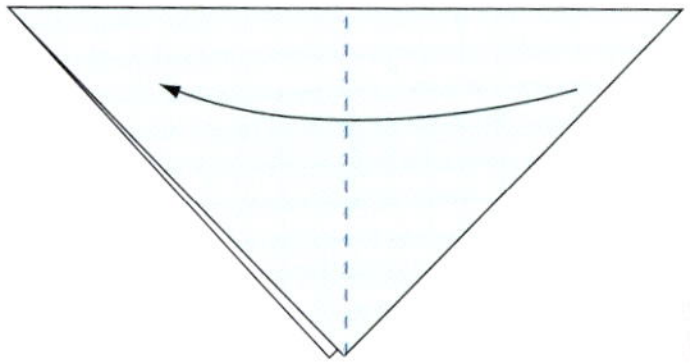

さらに、さんかくにおる

3

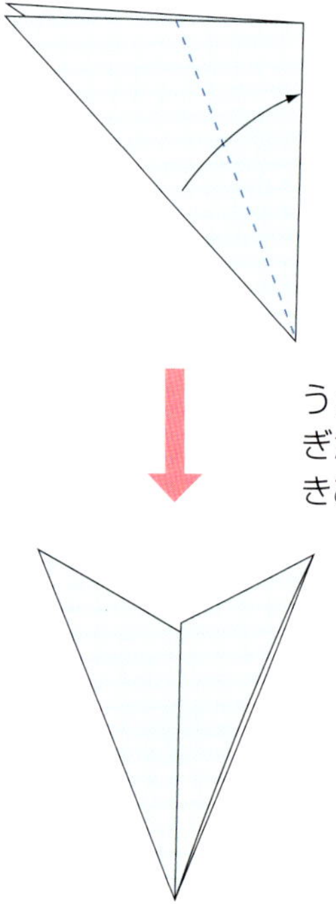

うえの1まいを、みぎがわにおって、できあがり

くみあわせて、はなとはっぱのできあがり

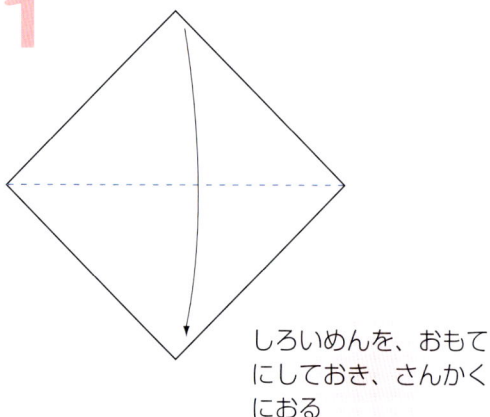

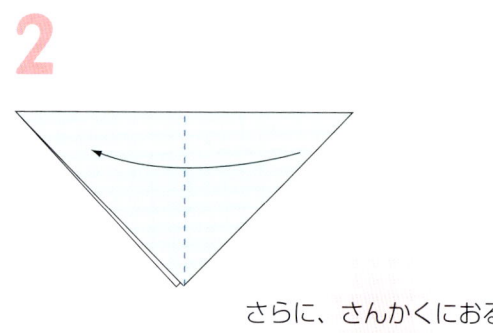

はなたば

はなをたくさんつくって、はなたばをつくりましょう。はなは、つつみの１／4サイズのかみでおると、くみあわせたときにぴったりになります。

はなのおりかた

1

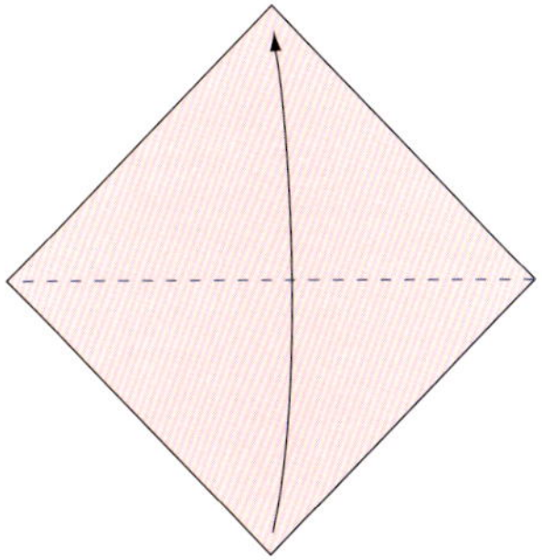

いろのついためんをおもてにしておき、さんかくにおる

2

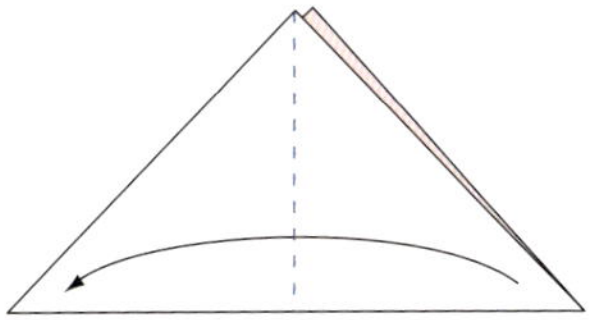

さらに、さんかくにおる

3

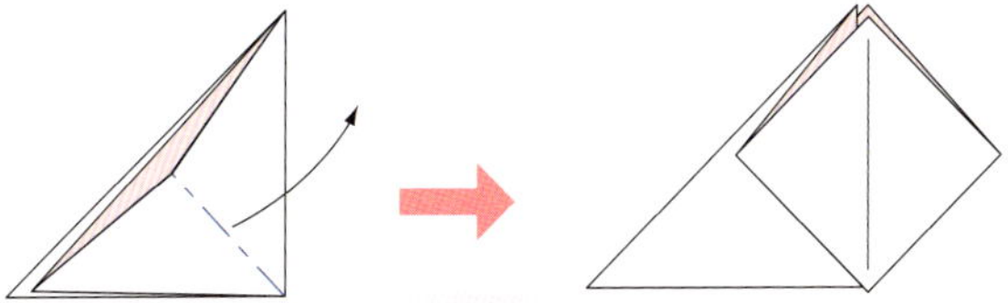

ひらいて、しかくにつぶし、うらがえす

4

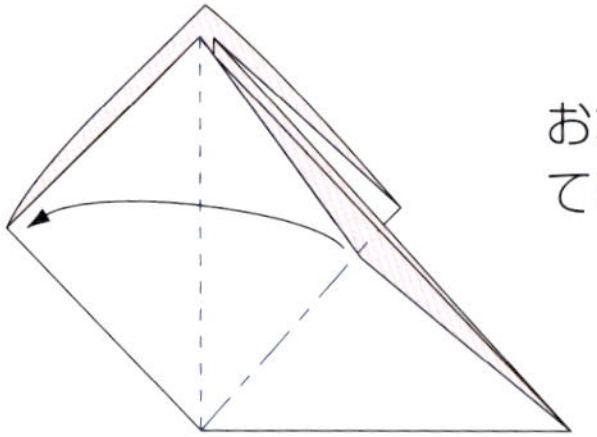

おなじように、ひらい
てしかくにつぶす

5

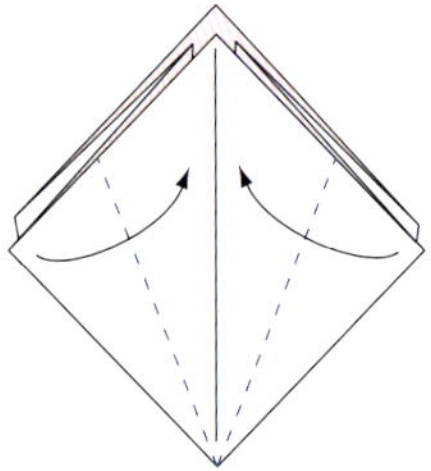

ちゅうしんにむけておる

6

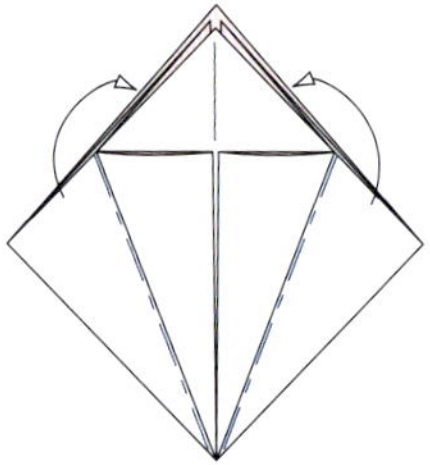

うらめんもおなじよう
におる

7

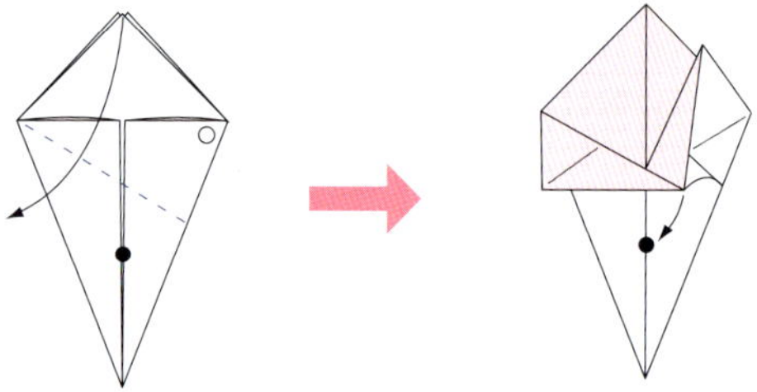

○を●にあわせるよう
に、ななめにおって、
ひらく

8

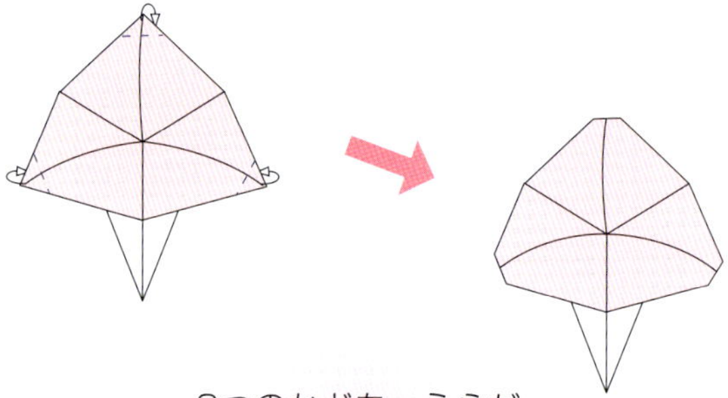

3つのかどを、うらが
わにおってできあがり

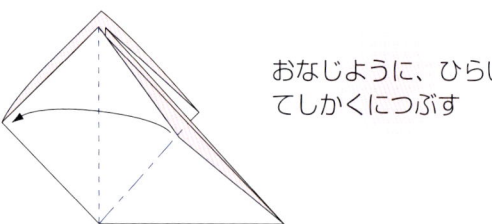

つつみのおりかた

1

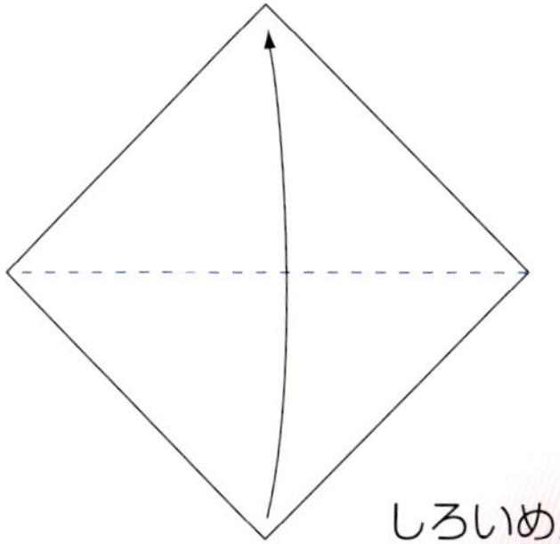

しろいめんをおもてに
しておき、さんかくに
おる

2

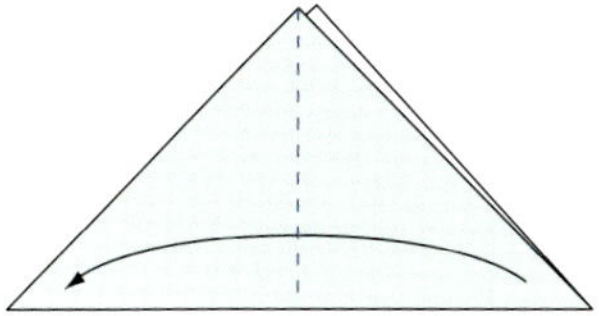

さらにさんかくにおる

3

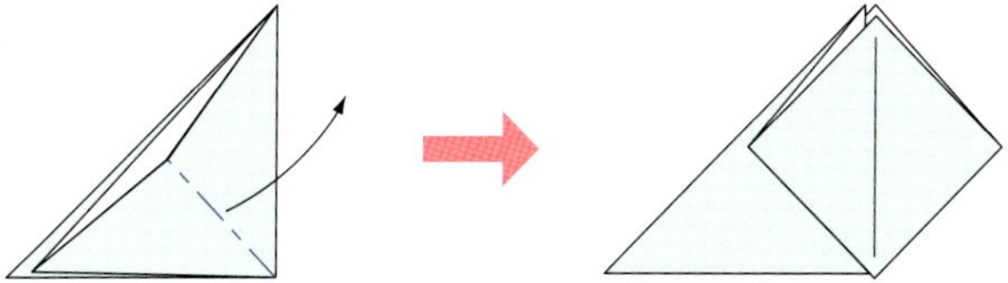

ひらいて、しかくにつ
ぶし、うらにかえす

4

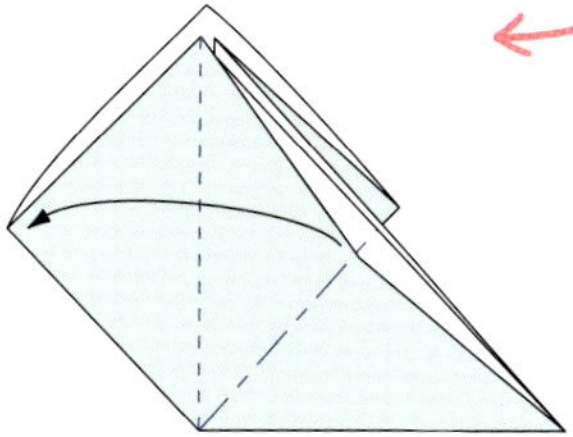

おなじように、ひらい
てしかくにつぶす

5

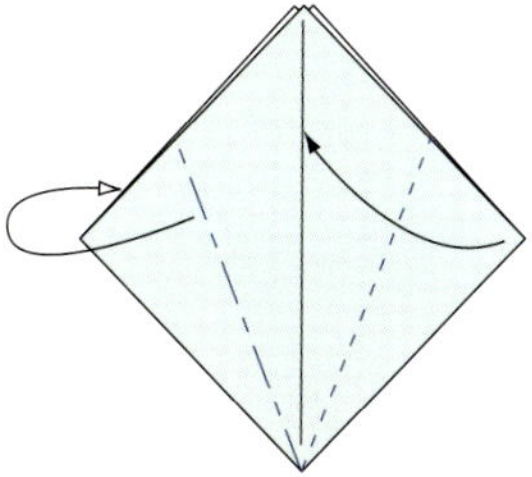

みぎがわはたにおり、
ひだりがわはやまおり
にする。うらがわも、
おなじようにおる

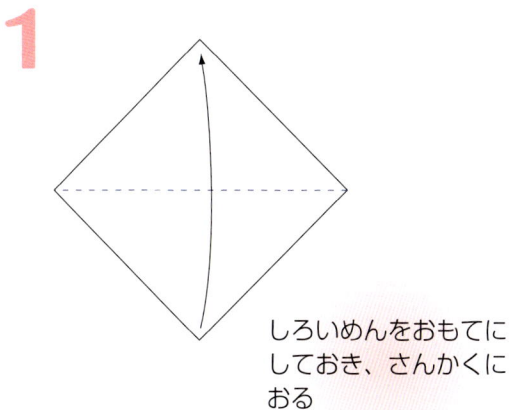

6

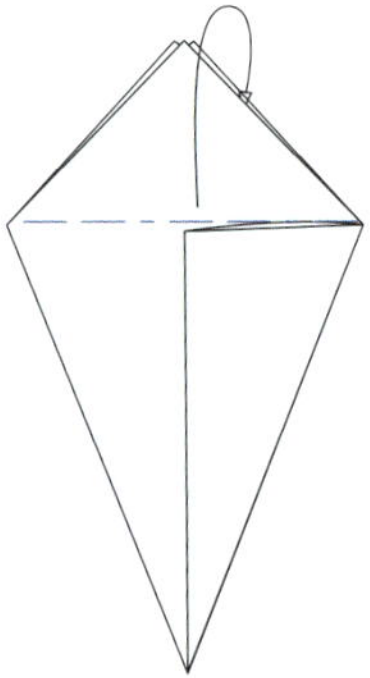

うえの1まいをうらがわにおり、うちがわにおりこむ

7

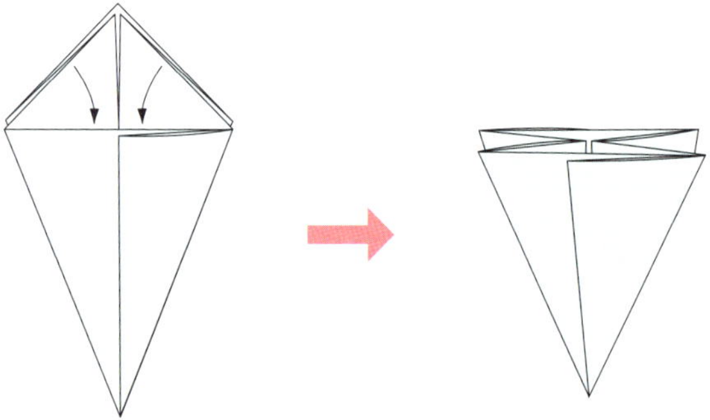

のこりの3まいも、おなじようにおって、できあがり

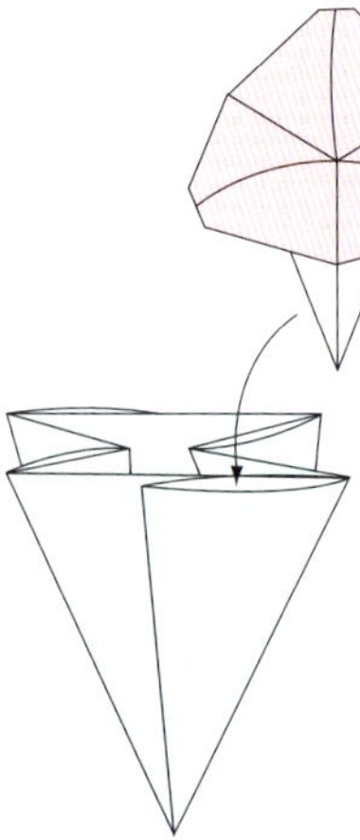

はなを4つのふくろにさしこんで、はなたばのできあがり

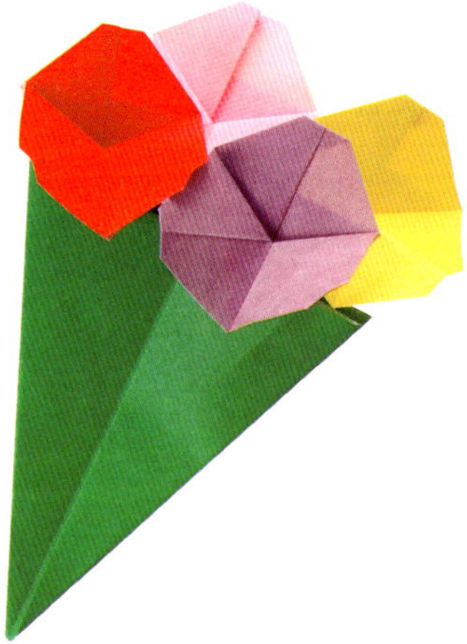

どうぶつ

ねったいぎょ

すいそうを、ゆうがにおよぐねったいぎょは、2まいのおりがみをつかいます。カラフルないろの、おりがみで、つくりましょう。

1

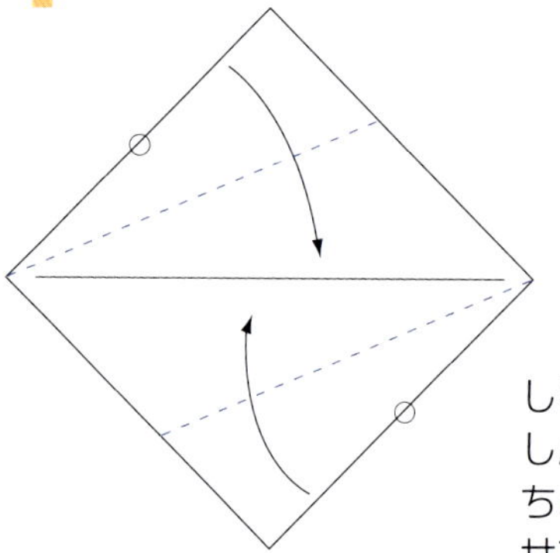

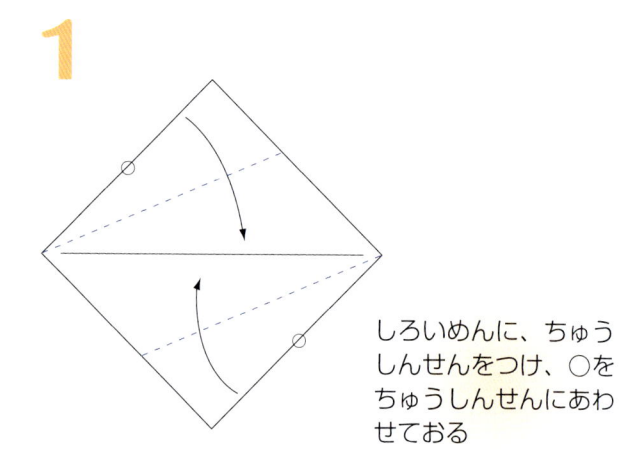

しろいめんに、ちゅうしんせんをつけ、○をちゅうしんせんにあわせておる

2

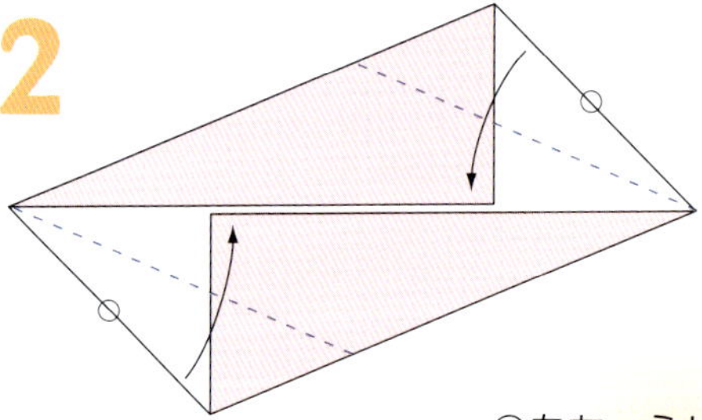

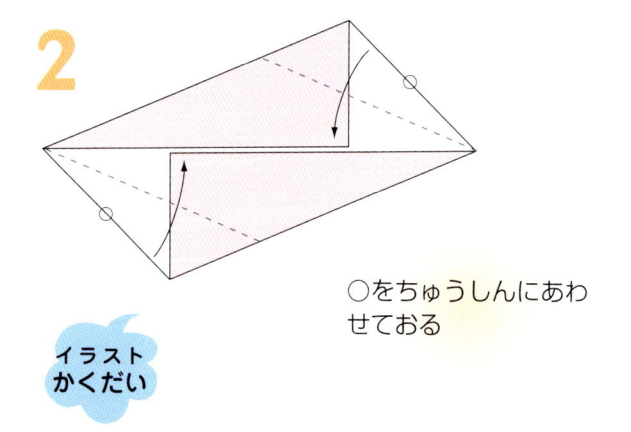

○をちゅうしんにあわせておる

イラストかくだい

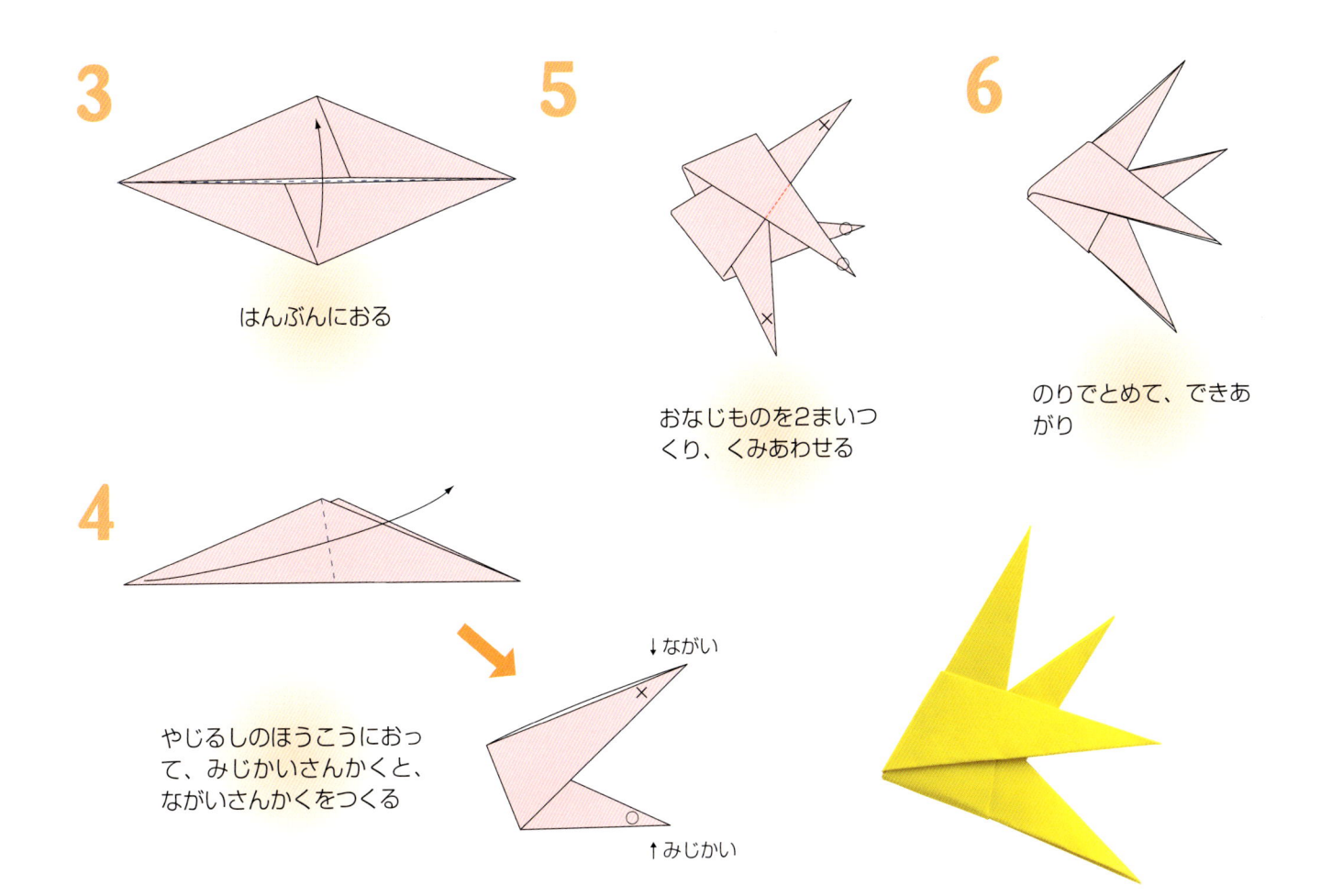

3

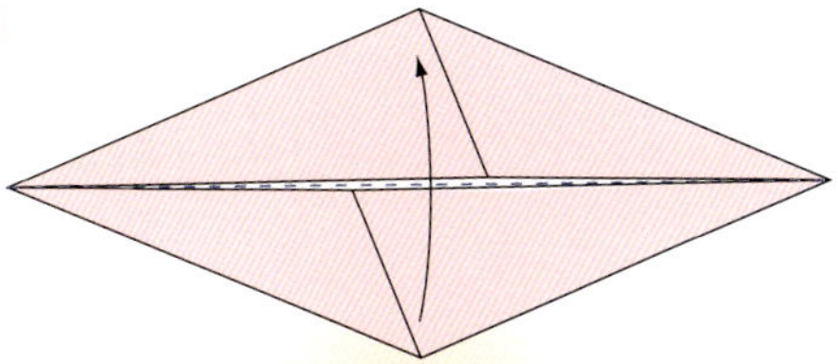

はんぶんにおる

4

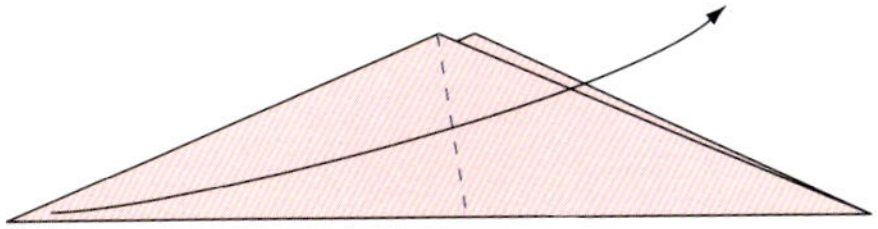

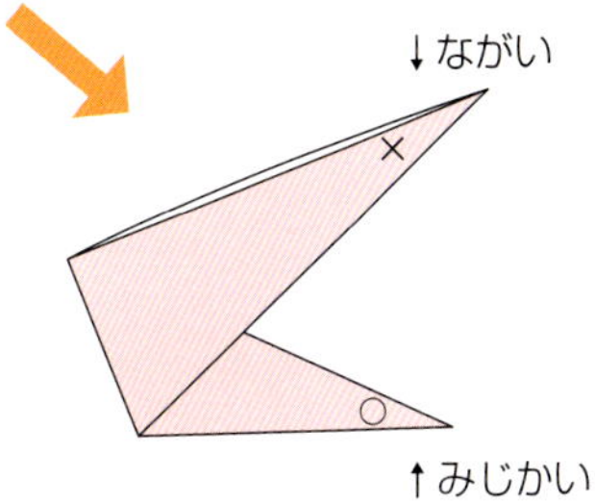

やじるしのほうこうにおって、みじかいさんかくと、ながいさんかくをつくる

5

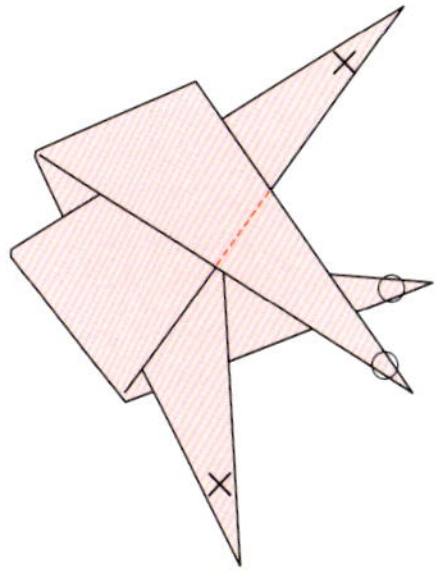

おなじものを2まいつくり、くみあわせる

6

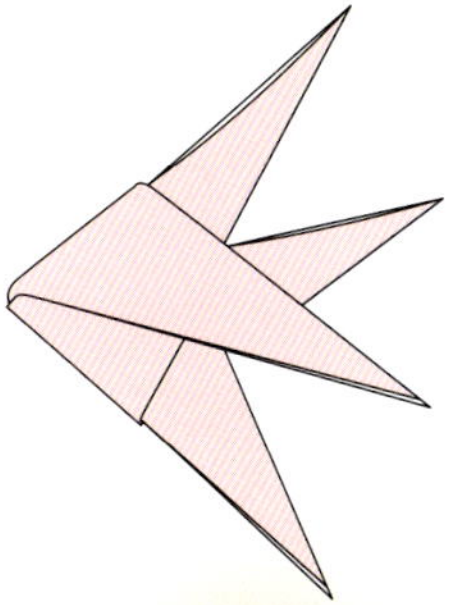

のりでとめて、できあがり

かめ

おおきなこうらからのぞく、かおとてあしが、かわいらしいかめ。おりかたは、とてもかんたん。ぜひ、おってみてください。

1

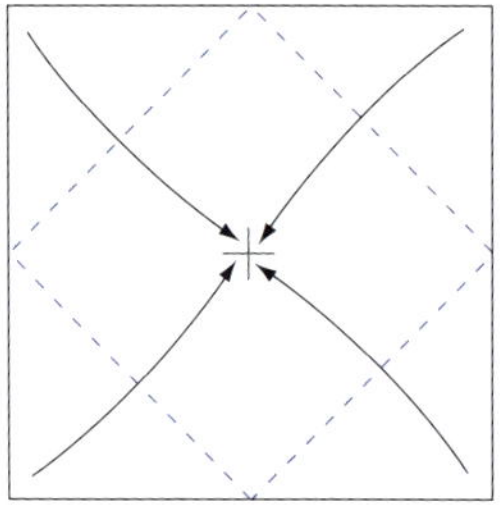

しろいめんをおもてにしておき、4つのかどをちゅうしんにむけておる

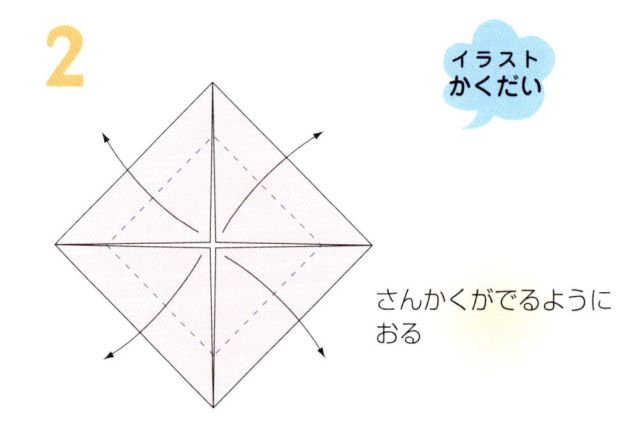

2

イラストかくだい

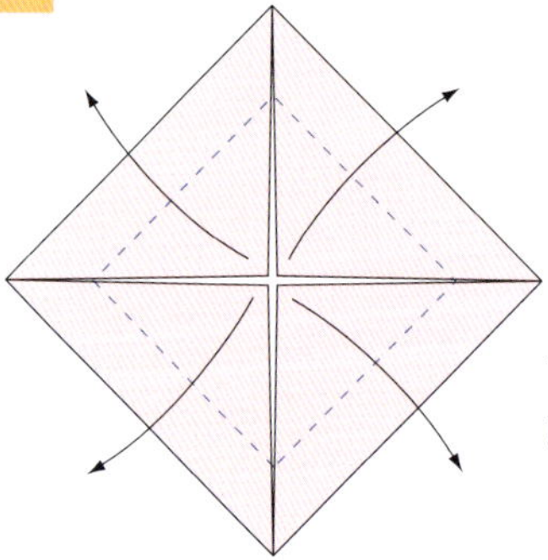

さんかくがでるようにおる

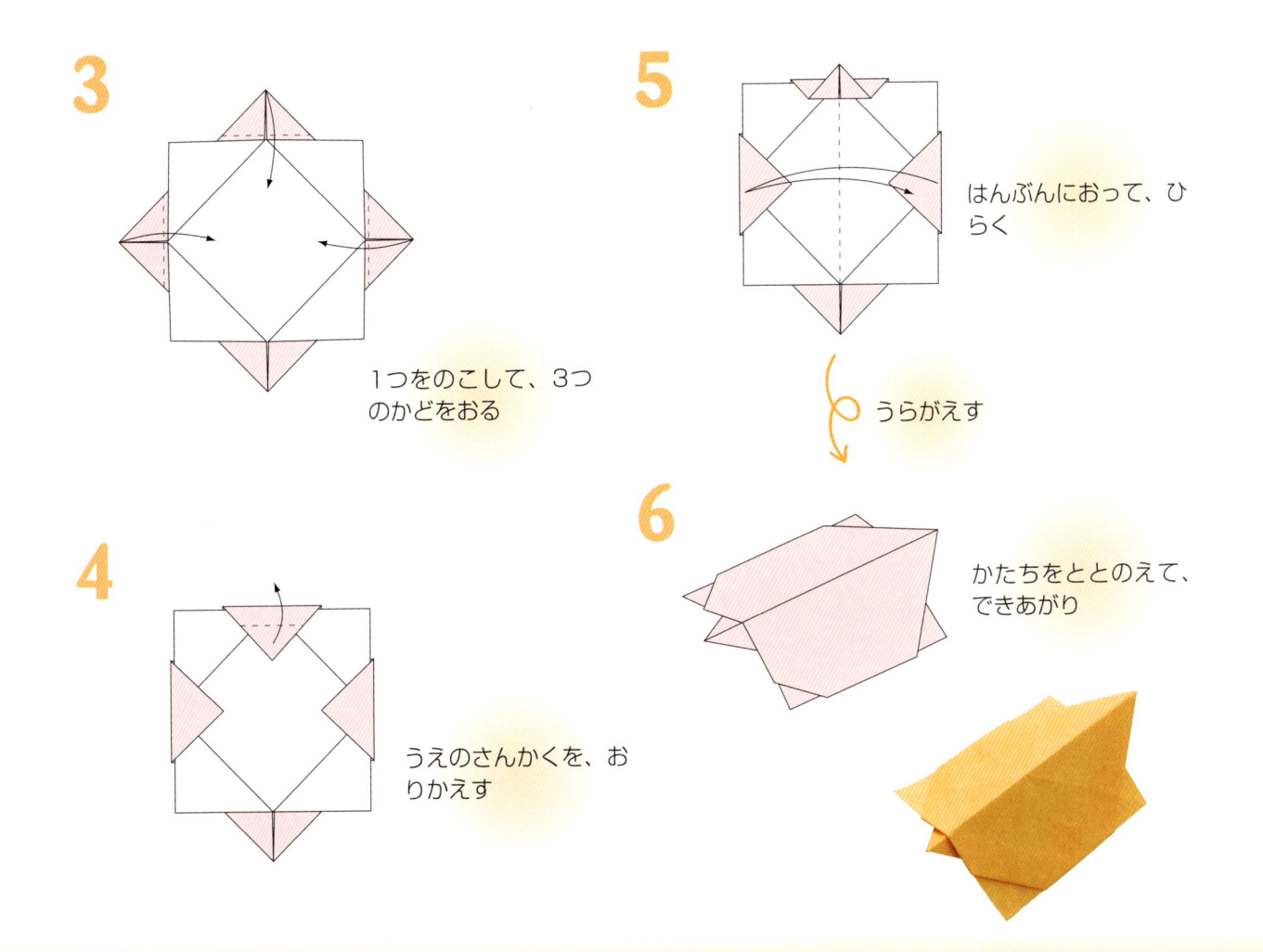

3

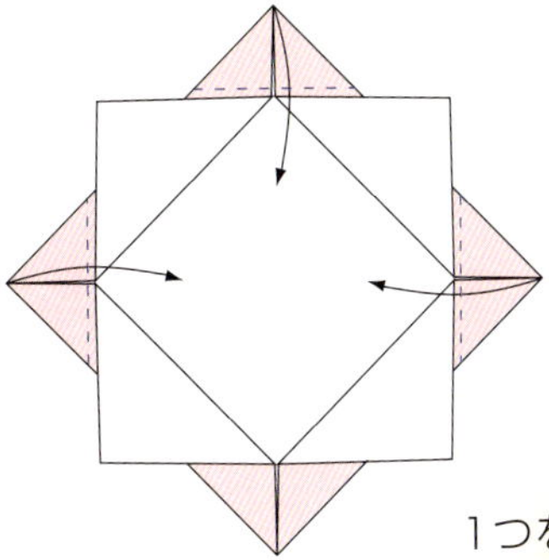

1つをのこして、3つ
のかどをおる

4

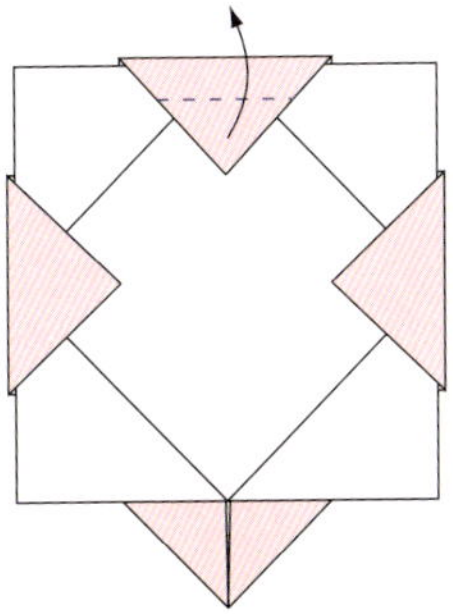

うえのさんかくを、お
りかえす

5

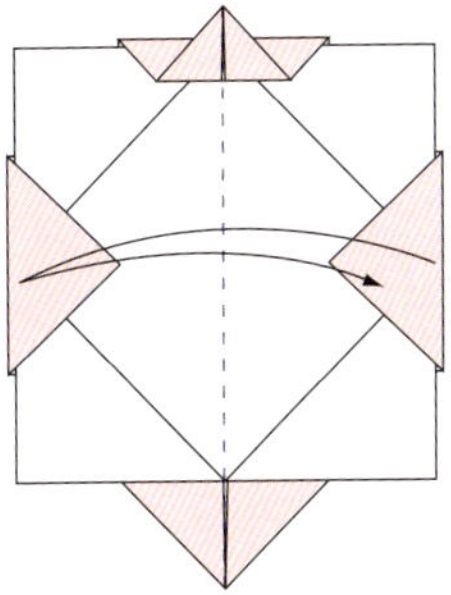

はんぶんにおって、ひ
らく

うらがえす

6

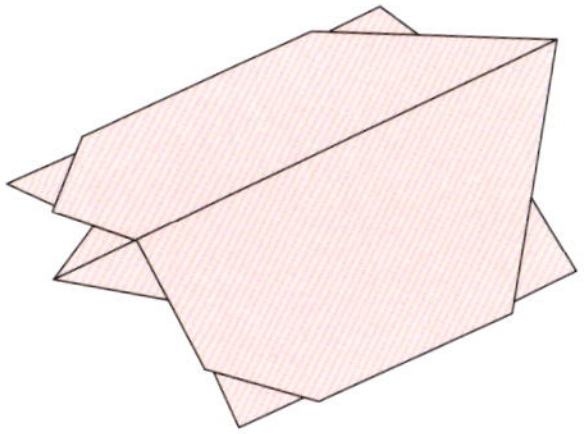

かたちをととのえて、
できあがり

いか

うみのなかをじゆうじざいに、いかがおよいでいます。いかのあしは、なんぼんかな？　7でいかのあしをつくるとき、まちがえないように。

せいほうけいをはんぶんにしたかみをつかう

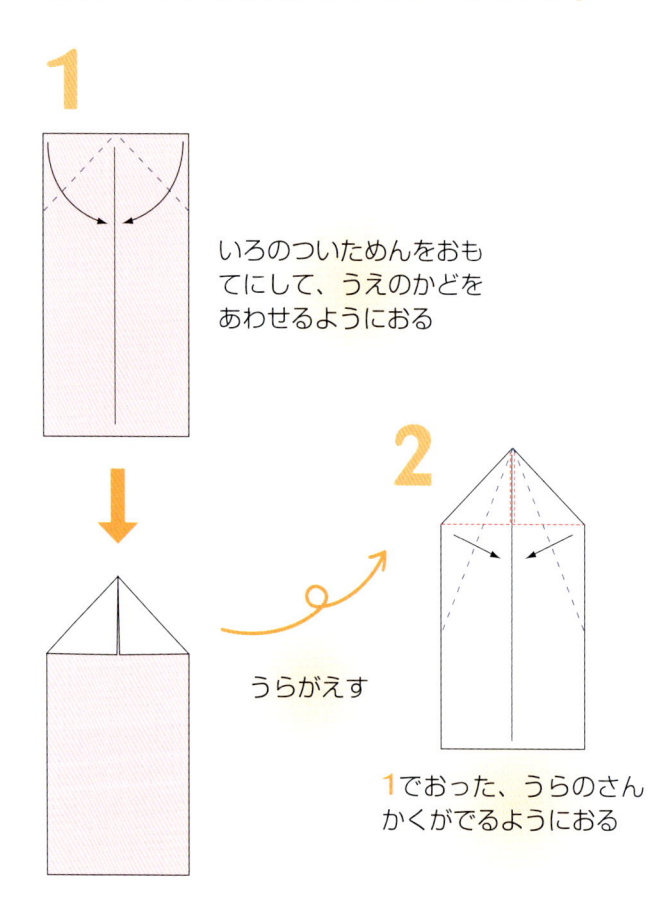

1

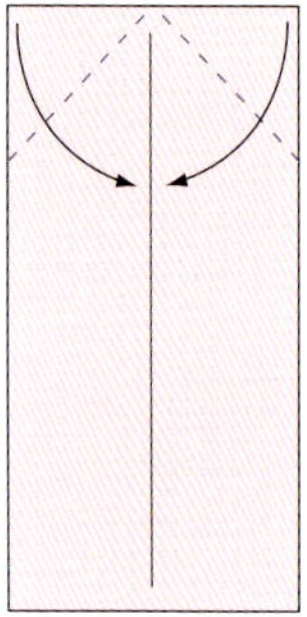

いろのついためんをおもてにして、うえのかどをあわせるようにおる

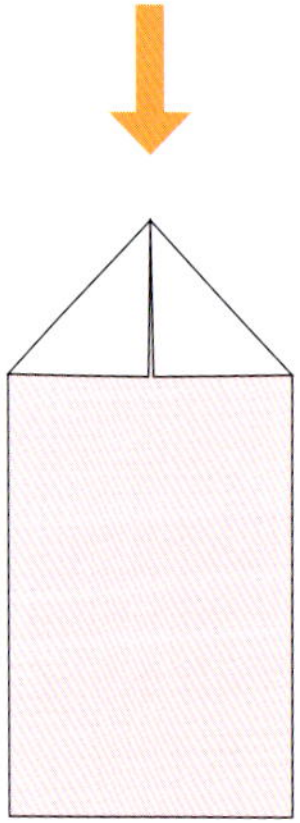

うらがえす

2

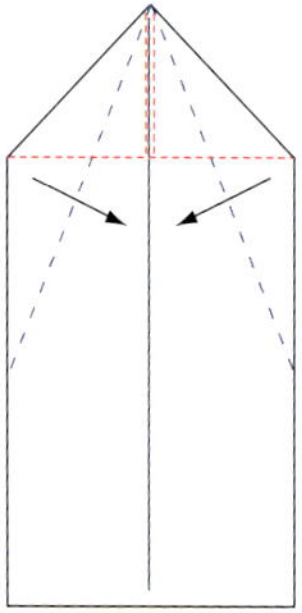

1でおった、うらのさんかくがでるようにおる

3

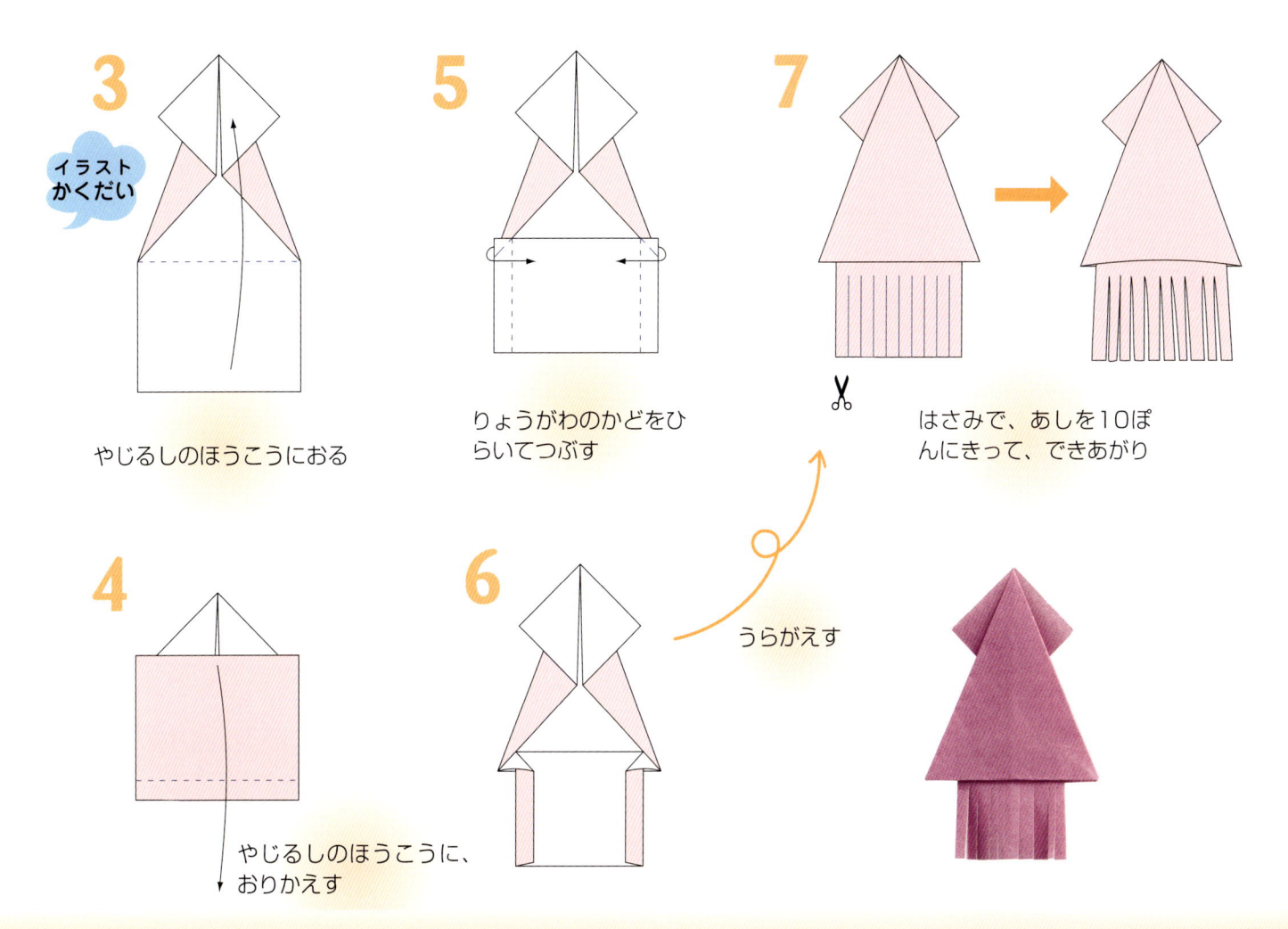

イラスト
かくだい

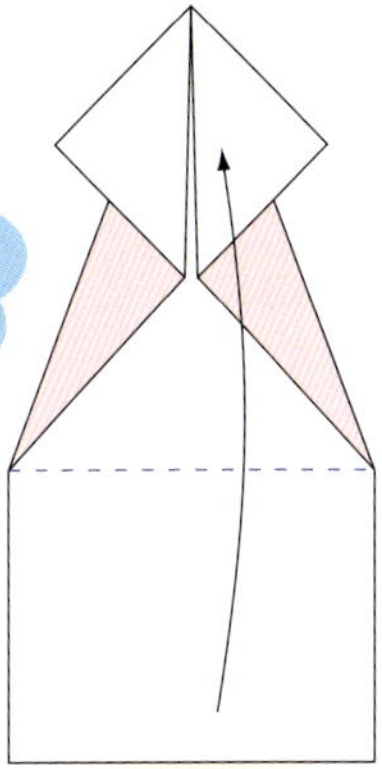

やじるしのほうこうにおる

4

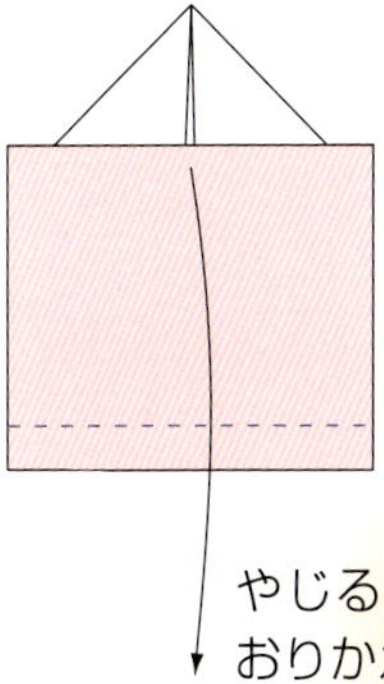

やじるしのほうこうに、
おりかえす

5

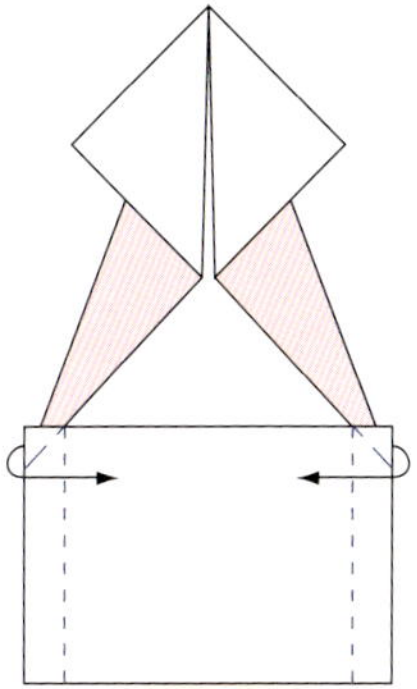

りょうがわのかどをひ
らいてつぶす

6

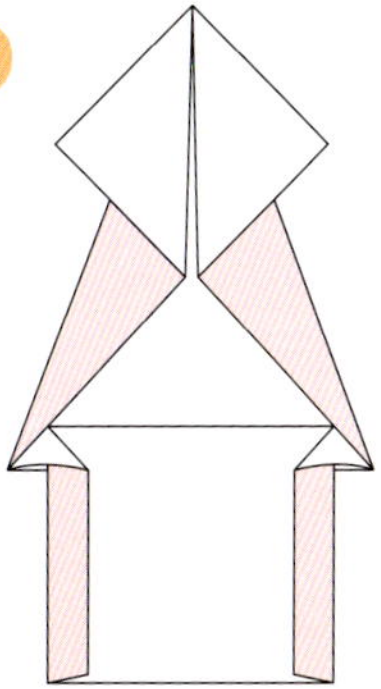

うらがえす

7

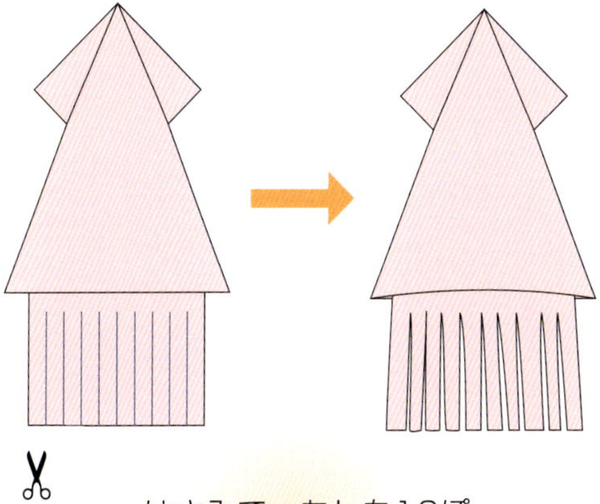

はさみで、あしを10ぽ
んにきって、できあがり

きんぎょ

おるかいすうは、おおいさくひんですが、むずかしくありません。6でおびれをつくるとき、きりすぎないように、ちゅういしてください。

1

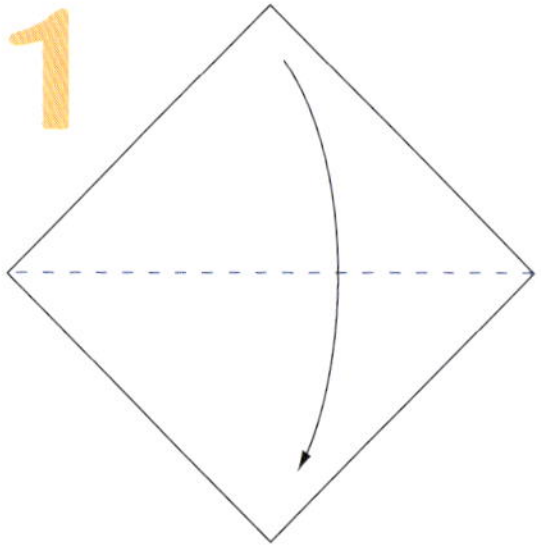

しろいめんをおもてにしておき、さんかくにおる

2

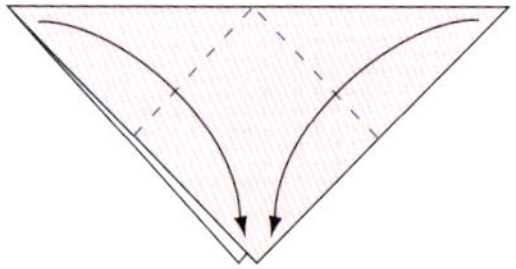

やじるしのようにおる

3

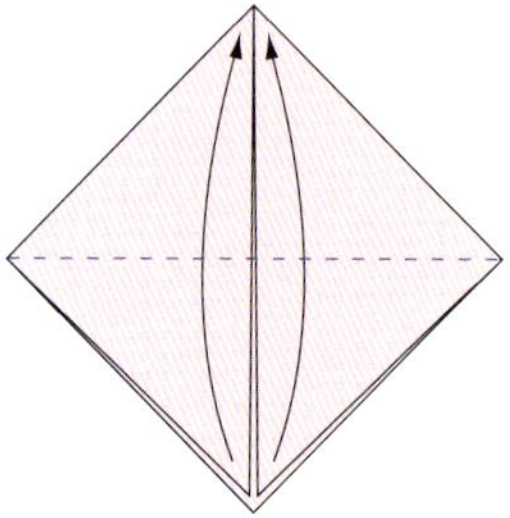

2でおったぶぶんを、おりあげる

4

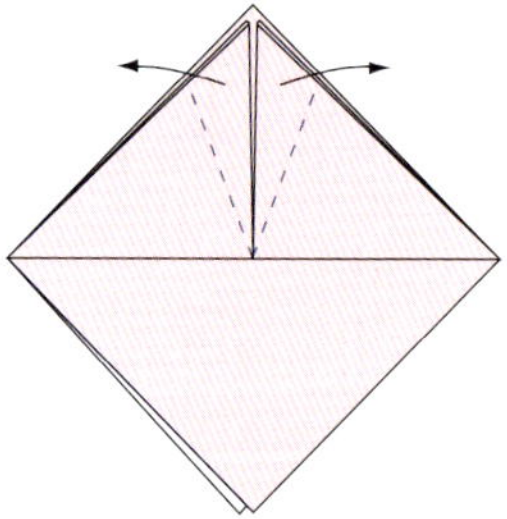

3でおりあげたぶぶんを、そとがわにおる

5

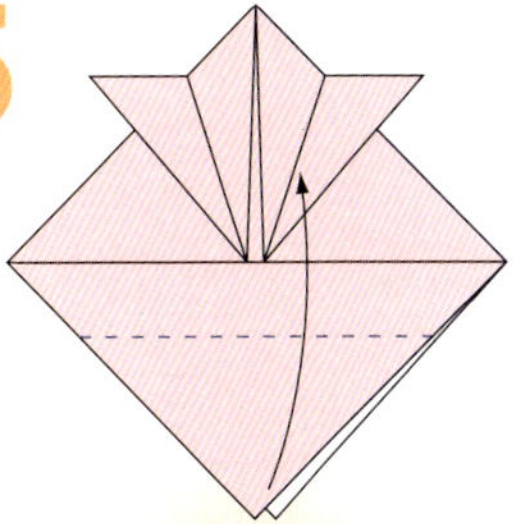

うえの1まいだけ、おりあげる

6

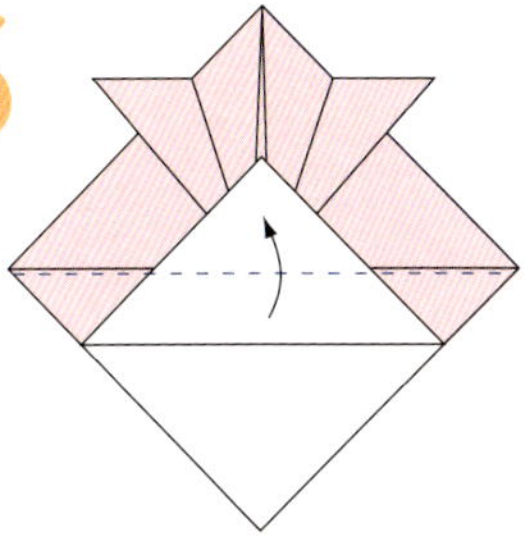

さらに、おりあげる

7

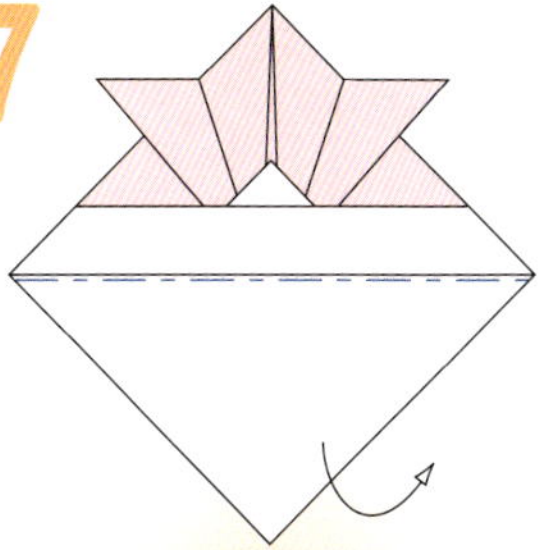

うらがわへおる

8

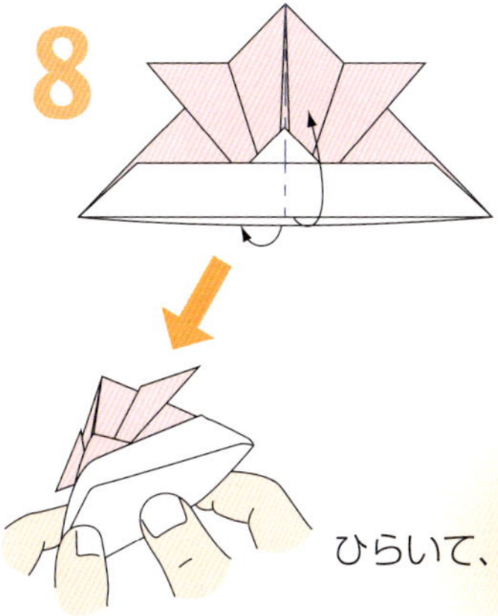

ひらいて、しかくにつぶす

9

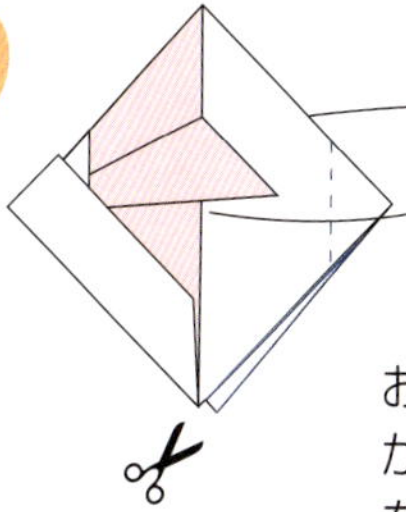

おもて、うらともにしたがわの2／3にきりこみをいれ、かぶせおりにして、おっぽをつくって、できあがり

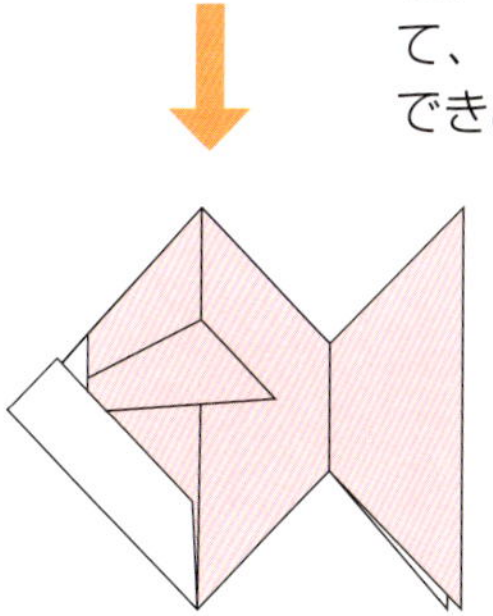

バッタ

おおきなうしろあしが、とくちょうのバッタ。おりかたはとてもかんたんなのに、ほんものそっくりにできあがります。

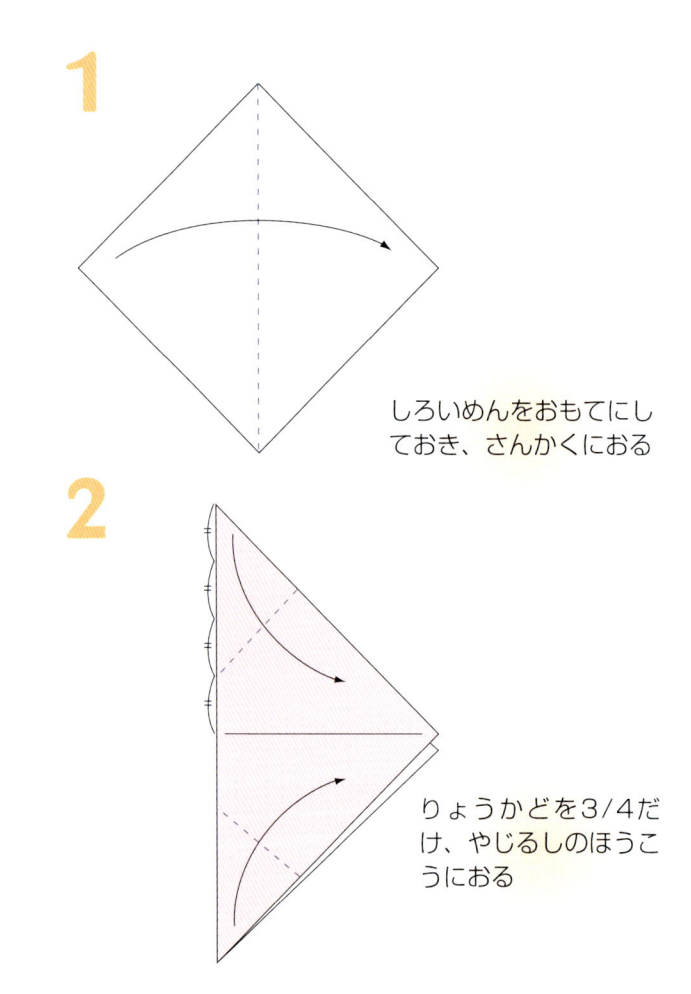

1

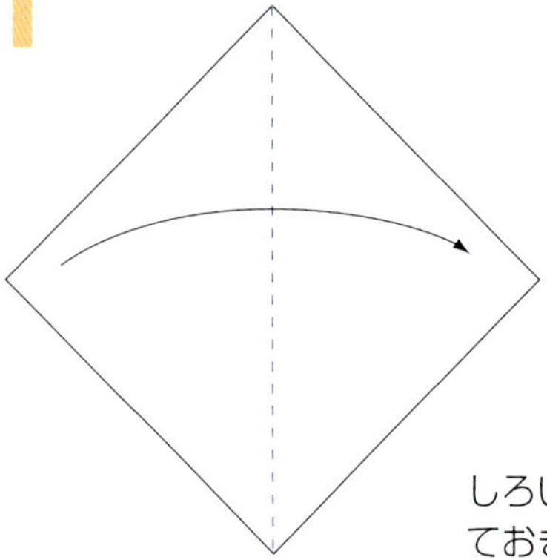

しろいめんをおもてにしておき、さんかくにおる

2

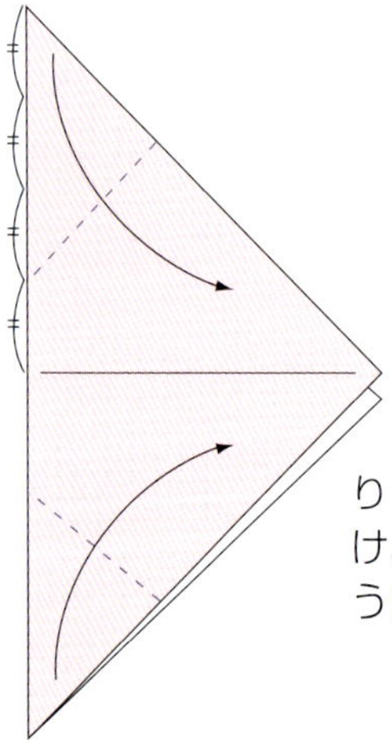

りょうかどを3/4だけ、やじるしのほうこうにおる

3

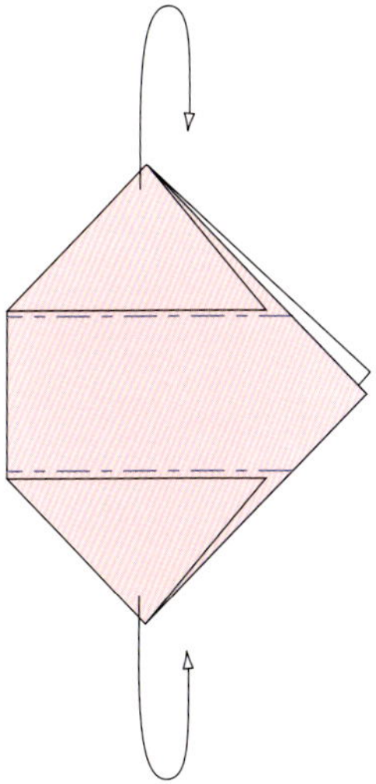

うらがわにおる

4

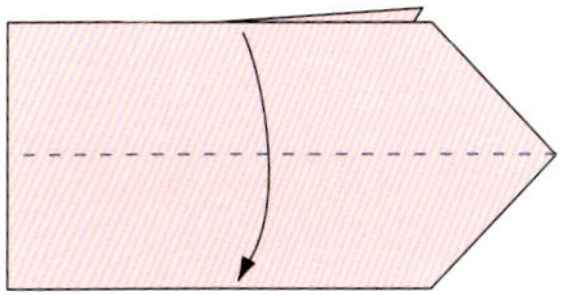

うらがわのさんかくがでる
ように、はんぶんにおる

5

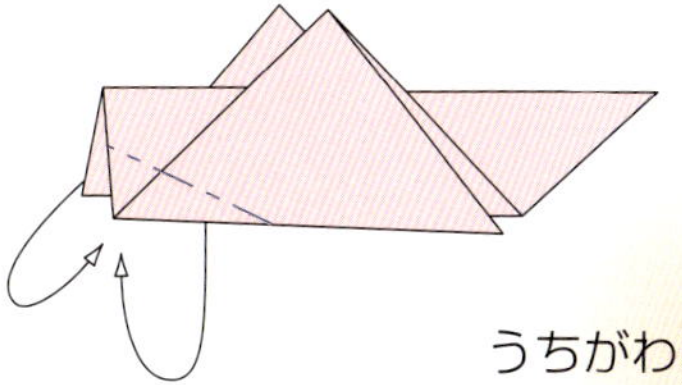

うちがわにおって、で
きあがり

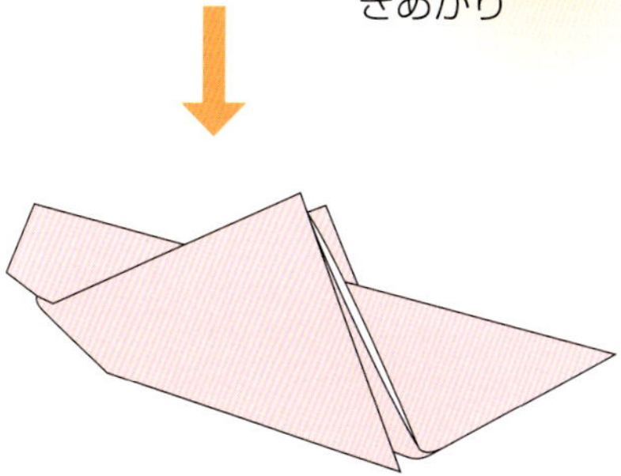

てんとうむし

まるくてかわいい、てんとうむしです。せなかのななほしは、じぶんでかきいれてください。さまざまないろのおりがみでおると、きれいです。

1

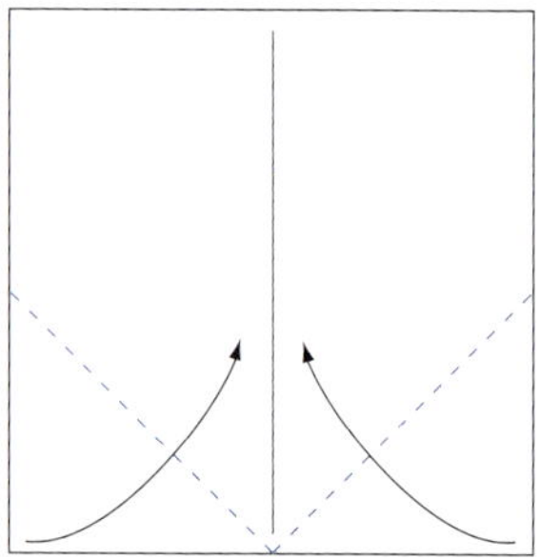

しろいめんをおもてにしておき、ちゅうしんせんをつけて、したのかどをあわせるようにおる

2

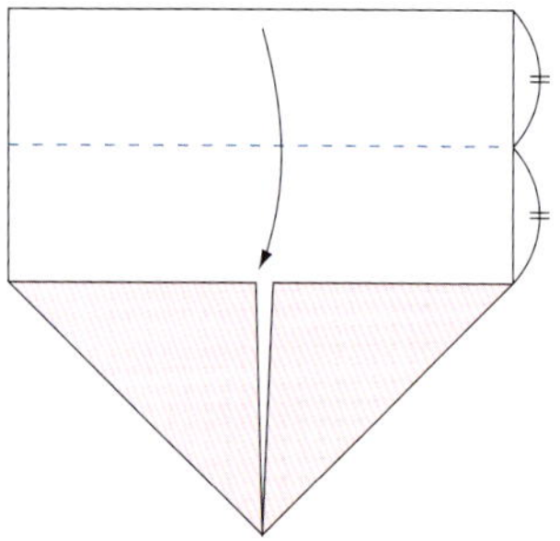

しかくいぶぶんをはんぶんにおる

3

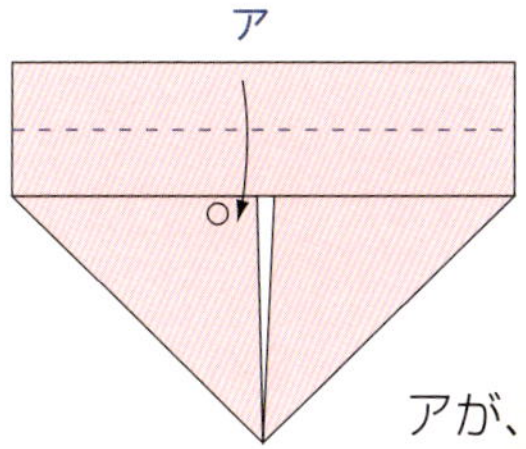

アが、○とかさなるようにおる

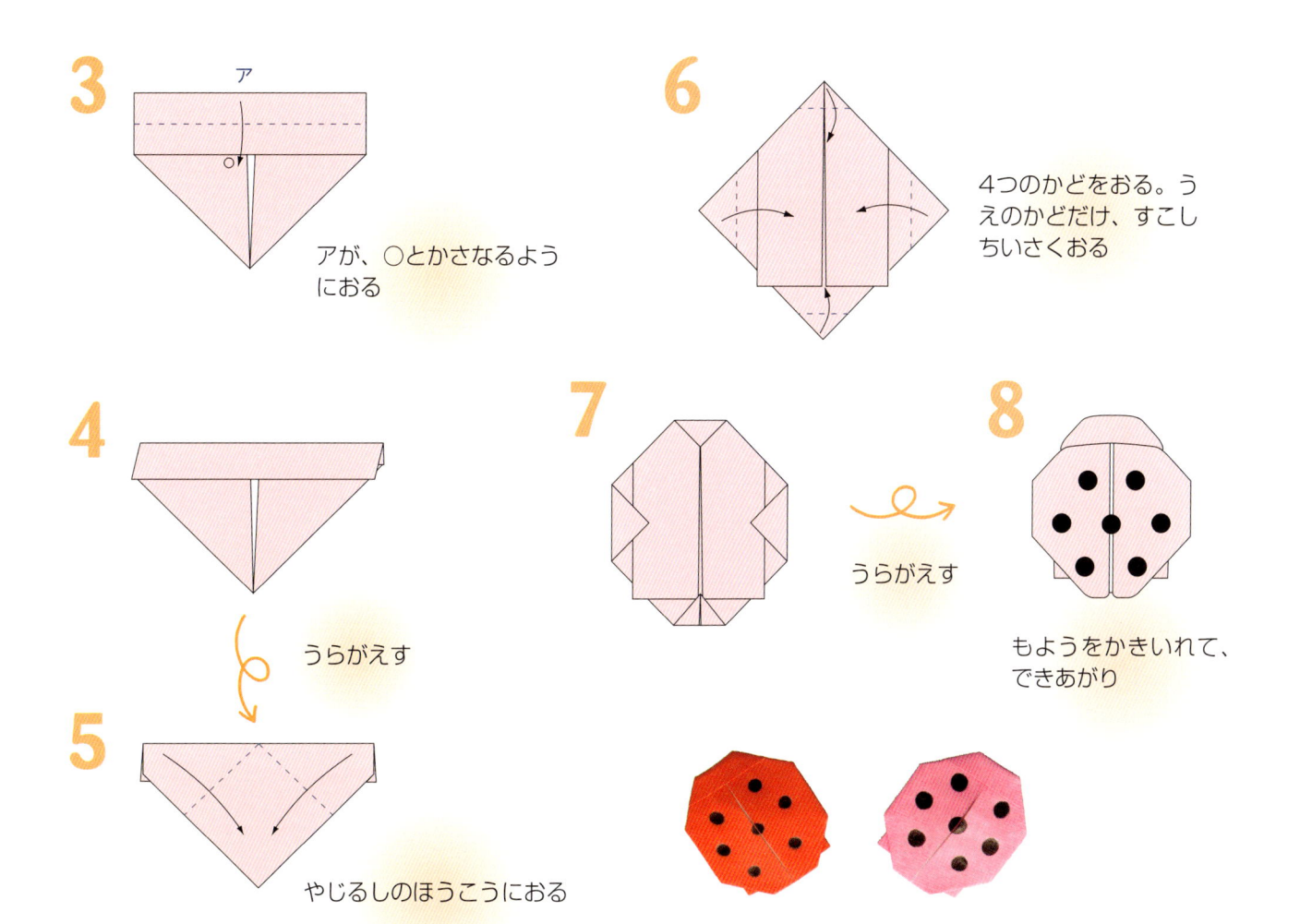

4

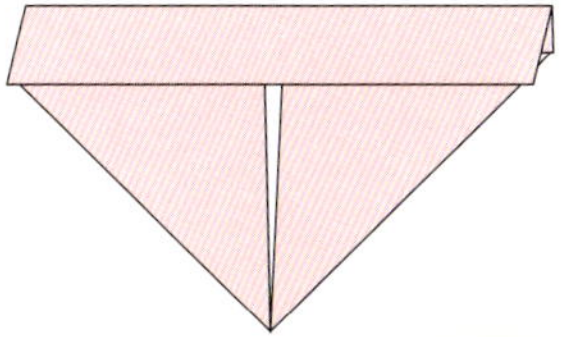

うらがえす

5

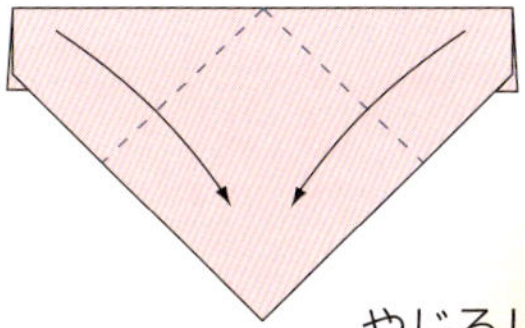

やじるしのほうこうにおる

6

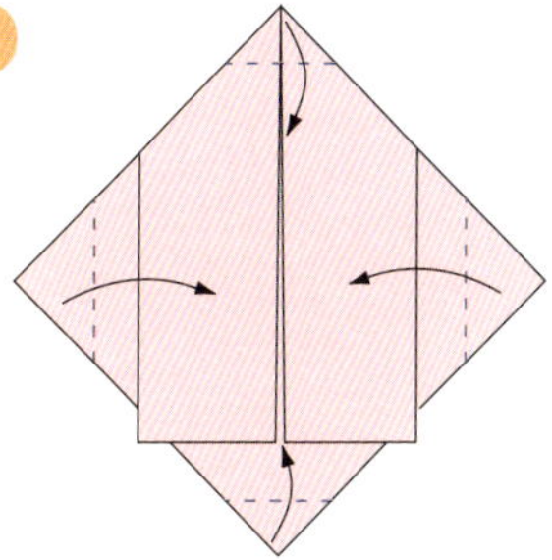

4つのかどをおる。うえのかどだけ、すこしちいさくおる

7

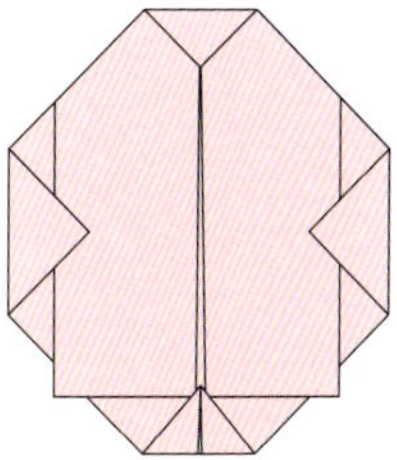

うらがえす

8

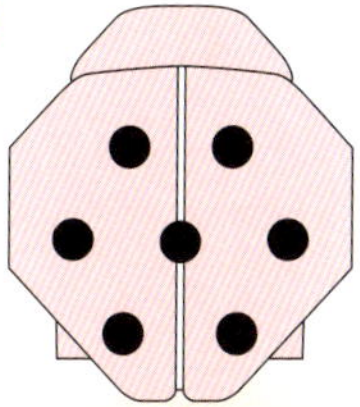

もようをかきいれて、できあがり

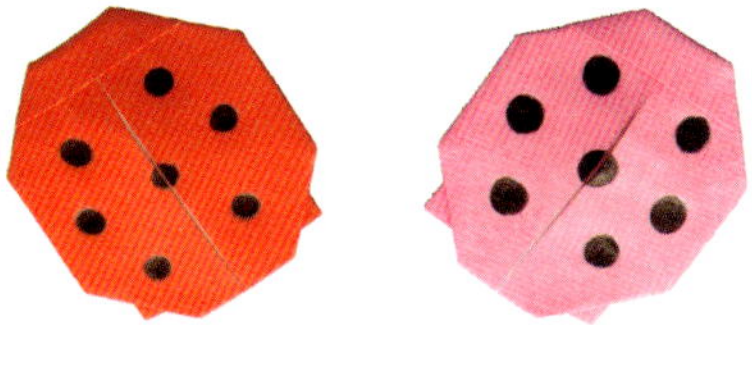

ちょう

はなからはなへ、ひらひらとまうちょう。かみのもようやいろをくふうしてかわいいちょうをおりましょう。おはなとくみあわせても、いいでしょう。

1

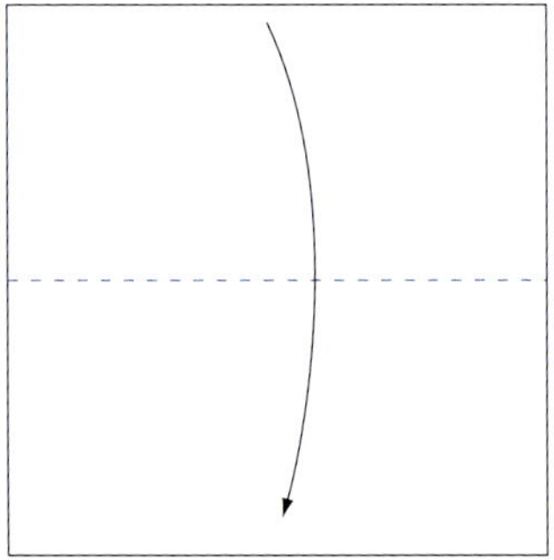

しろいめんをおもてにしておき、はんぶんにおる

2

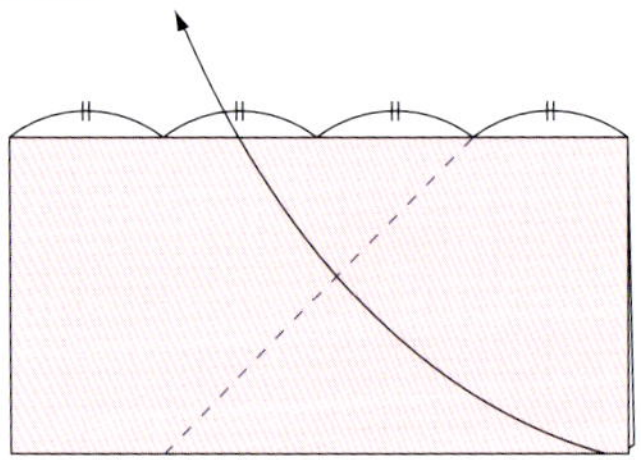

うえはみぎから1／4、したはひだりから1／4のところをむすんだせんで、おる

3

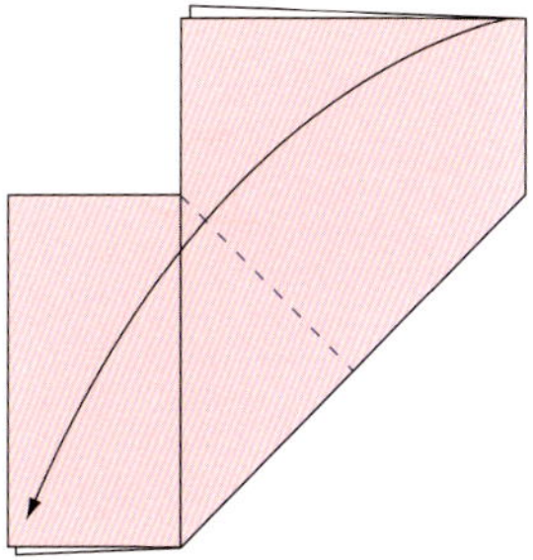

はんぶんにおる

4

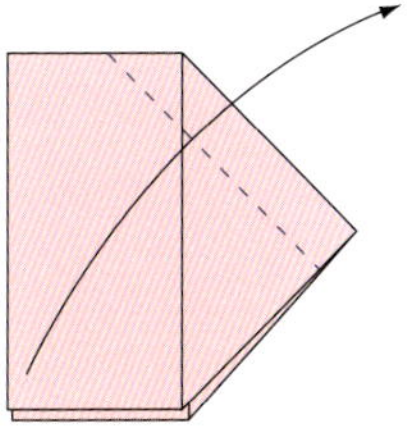

うえの1まいをおる

5

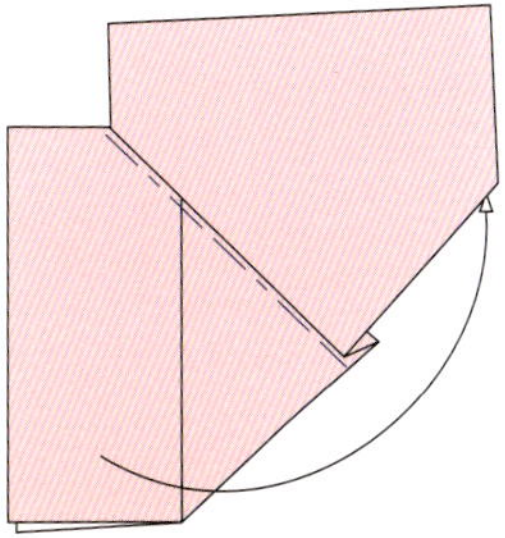

したの1まいを、やま
おりにする

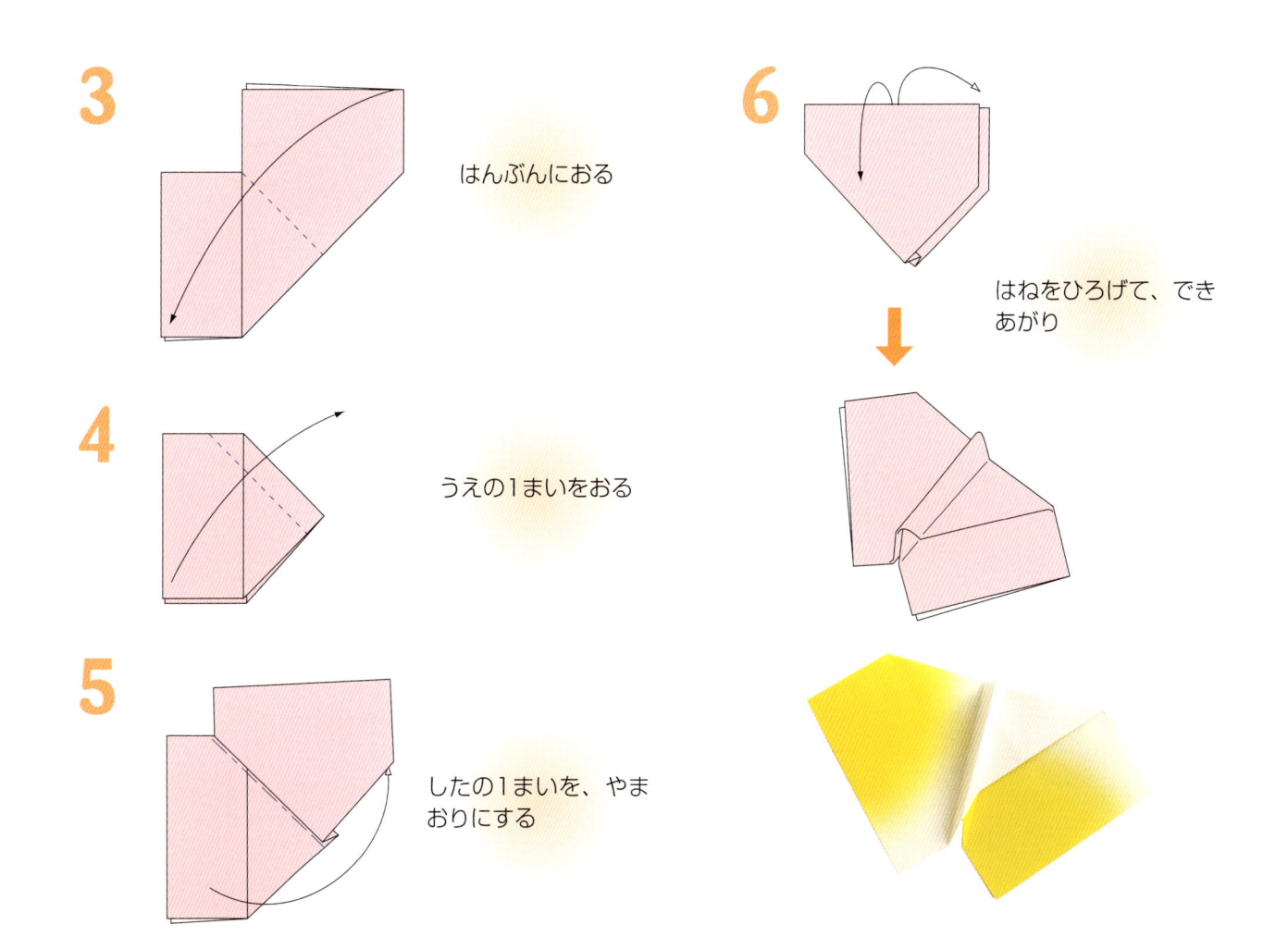

6

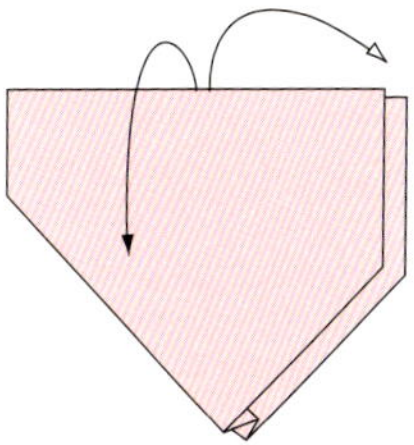

はねをひろげて、でき
あがり

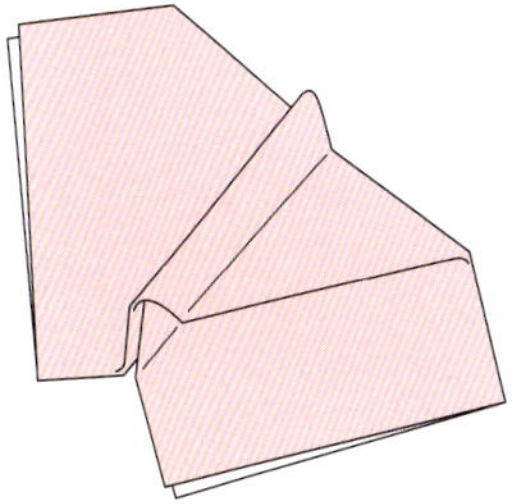

セミ

あぶらぜみ、にいにいぜみ、つくつくほうしなど、せみのしゅるいで、かみのおおきさや、いろをわけてもいいでしょう。

1

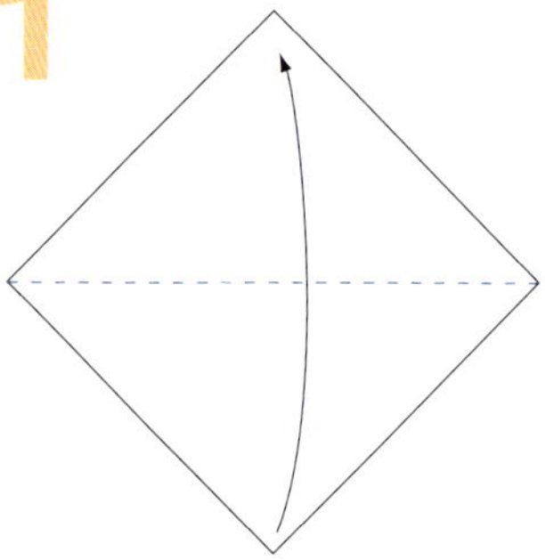

しろいめんをおもてにしておき、さんかくにおる

2

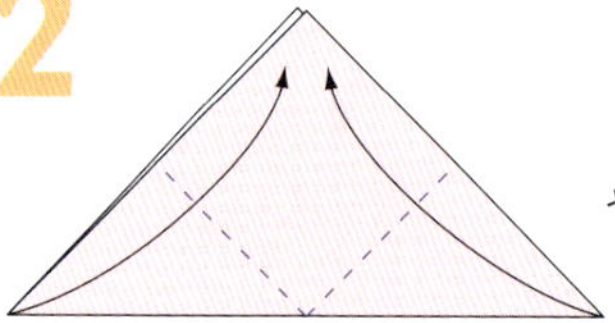

やじるしのほうこうにおる

3

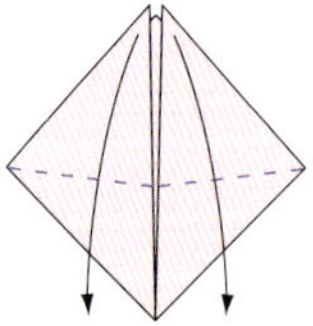

すこしななめにおりさげる

4

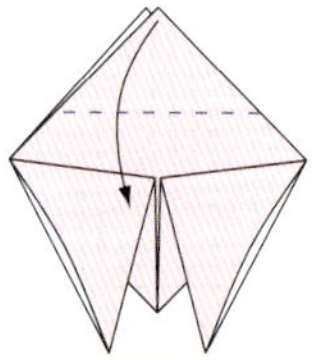

おもてがわの1まいだけをおる

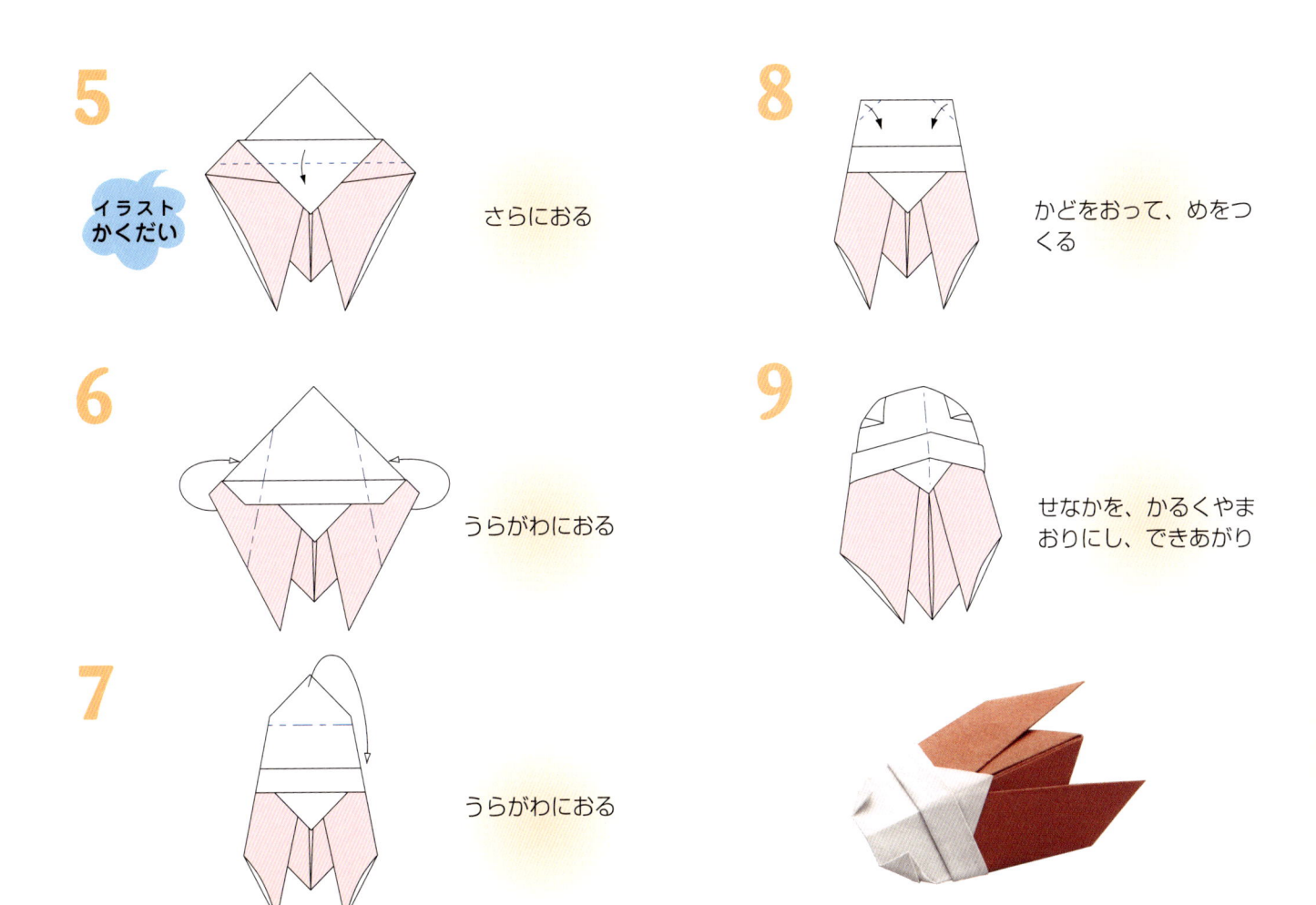

5

イラストかくだい

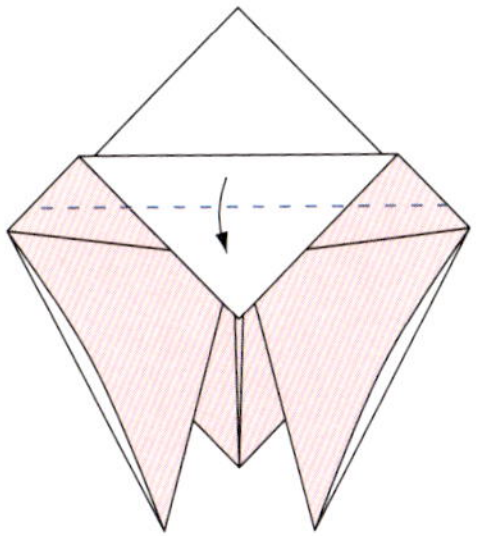

さらにおる

6

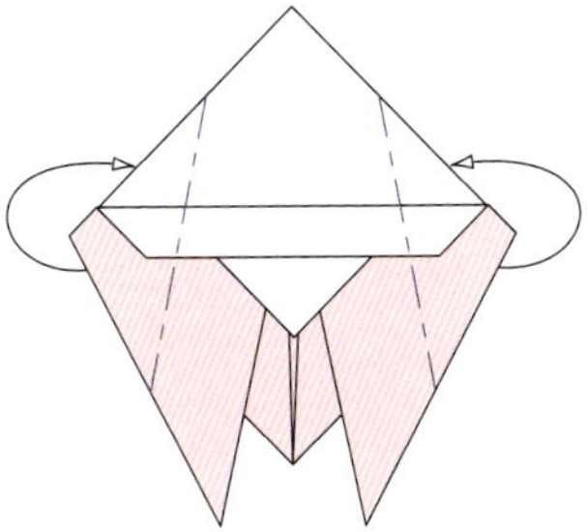

うらがわにおる

7

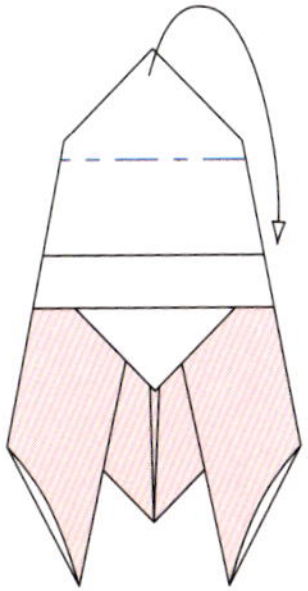

うらがわにおる

8

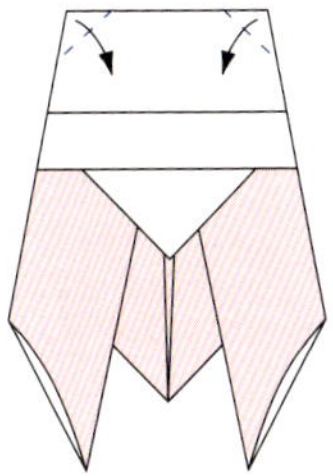

かどをおって、めをつくる

9

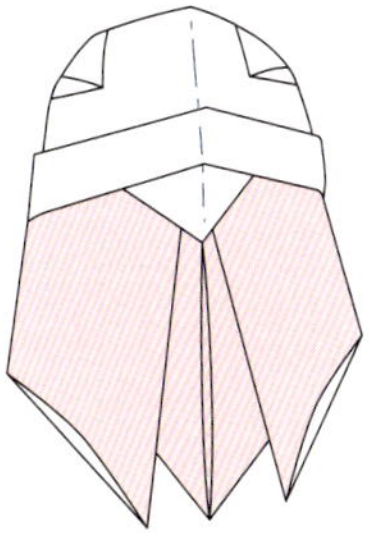

せなかを、かるくやまおりにし、できあがり

かえる

かえるが、こちらをむいてすわっています。はなれためや、あしのかんじが、ほんものそっくり。いまにもはねだしそうですね。

1

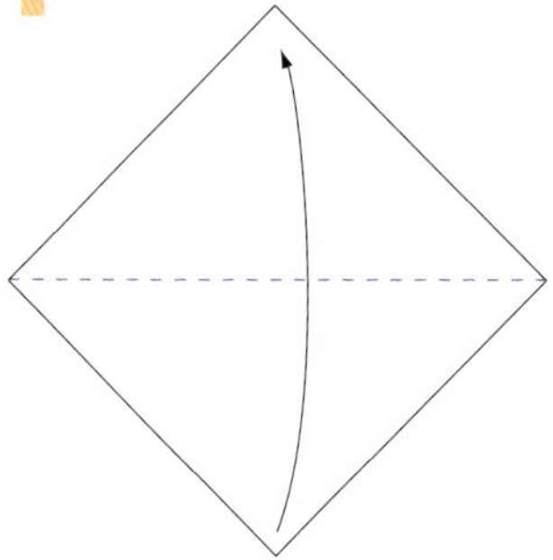

しろいめんをおもてにしておき、さんかくにおる

2

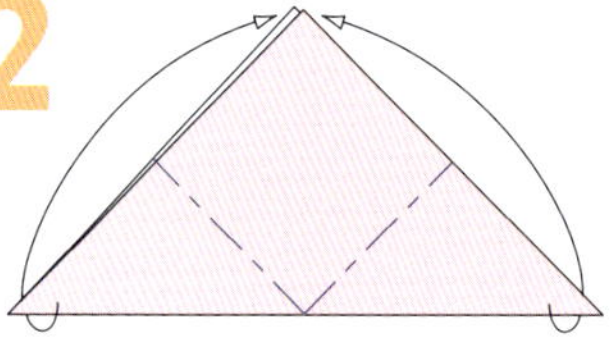

うらがわへおる

3

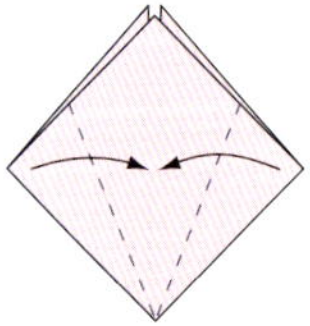

うらのさんかくがでるようにおる

4

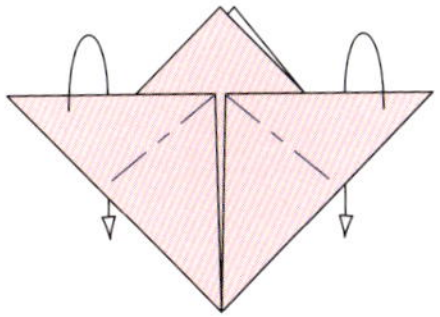

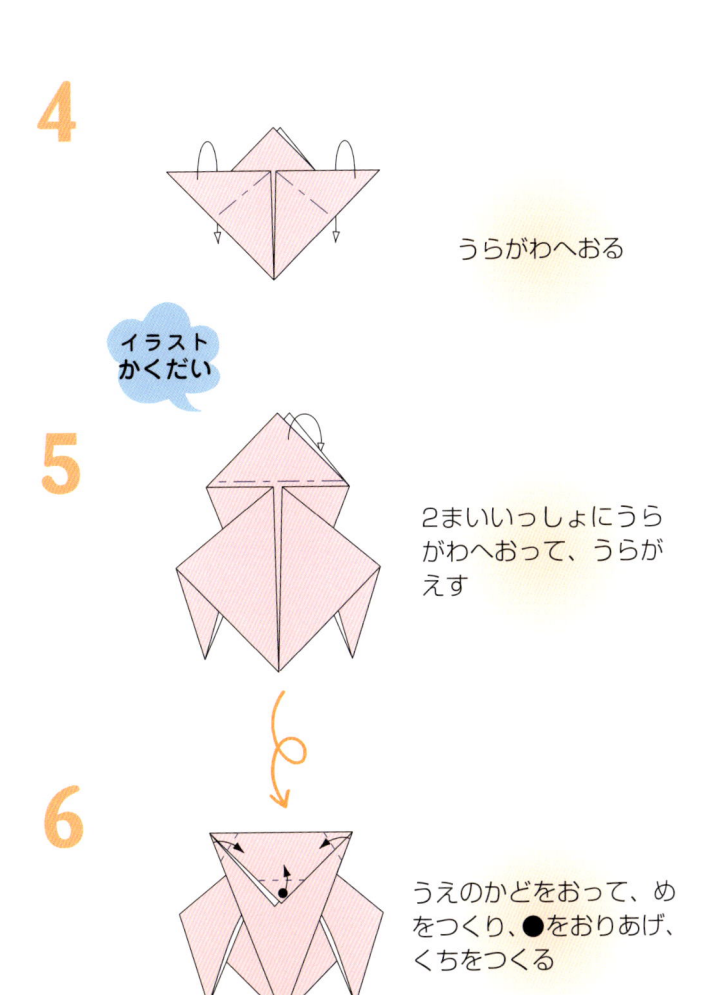

うらがわへおる

イラスト
かくだい

5

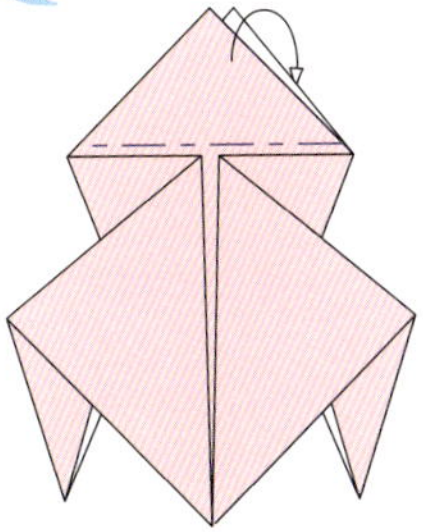

2まいいっしょにうらがわへおって、うらがえす

6

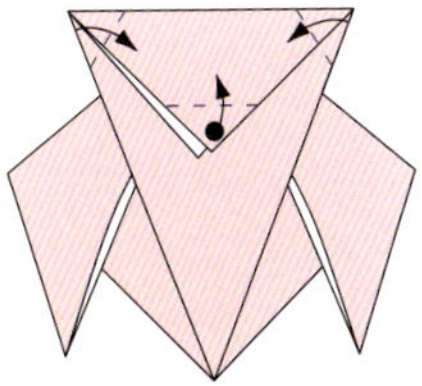

うえのかどをおって、めをつくり、●をおりあげ、くちをつくる

7

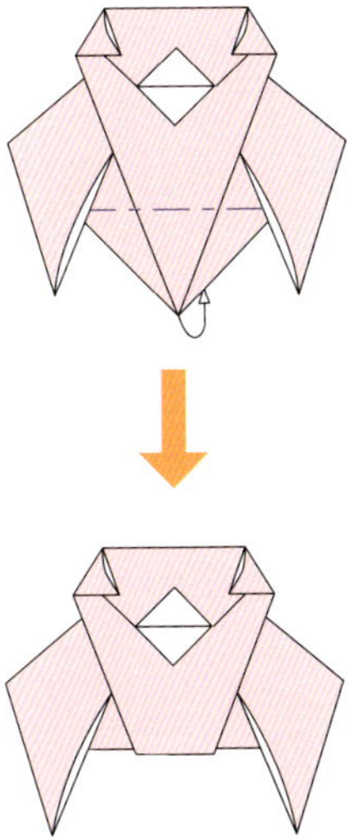

たつように、まんなかのかどをうらがわへおって、できあがり

へび

ほそながいかみがないときは、おりがみを4とうぶんにして、ほそながいかみをつくり、たてにつなぎあわせます。

ながほそいかみをつかう

1

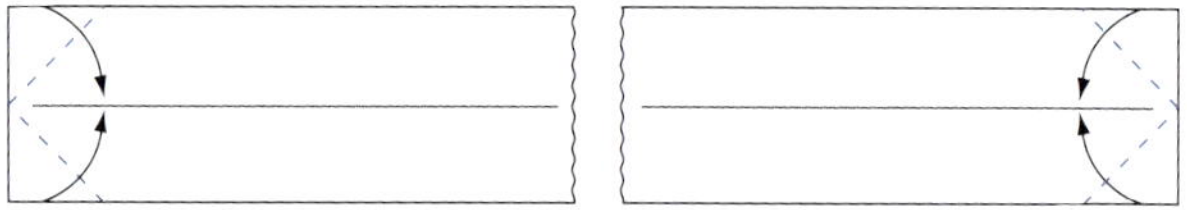

しろいめんをおもてにしておき、りょうはしをおる

2

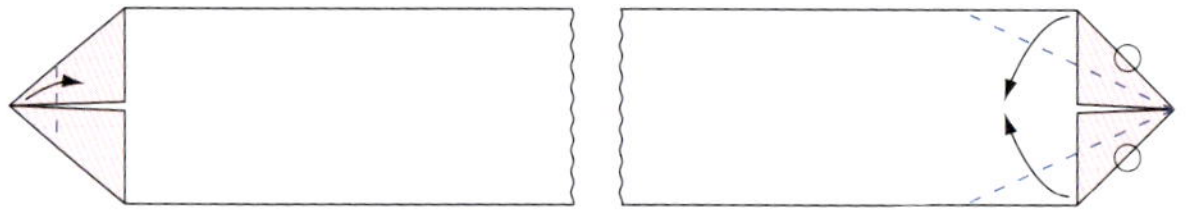

ひだりのかどをおる。みぎのかどは、○がまんなかであうようにおる

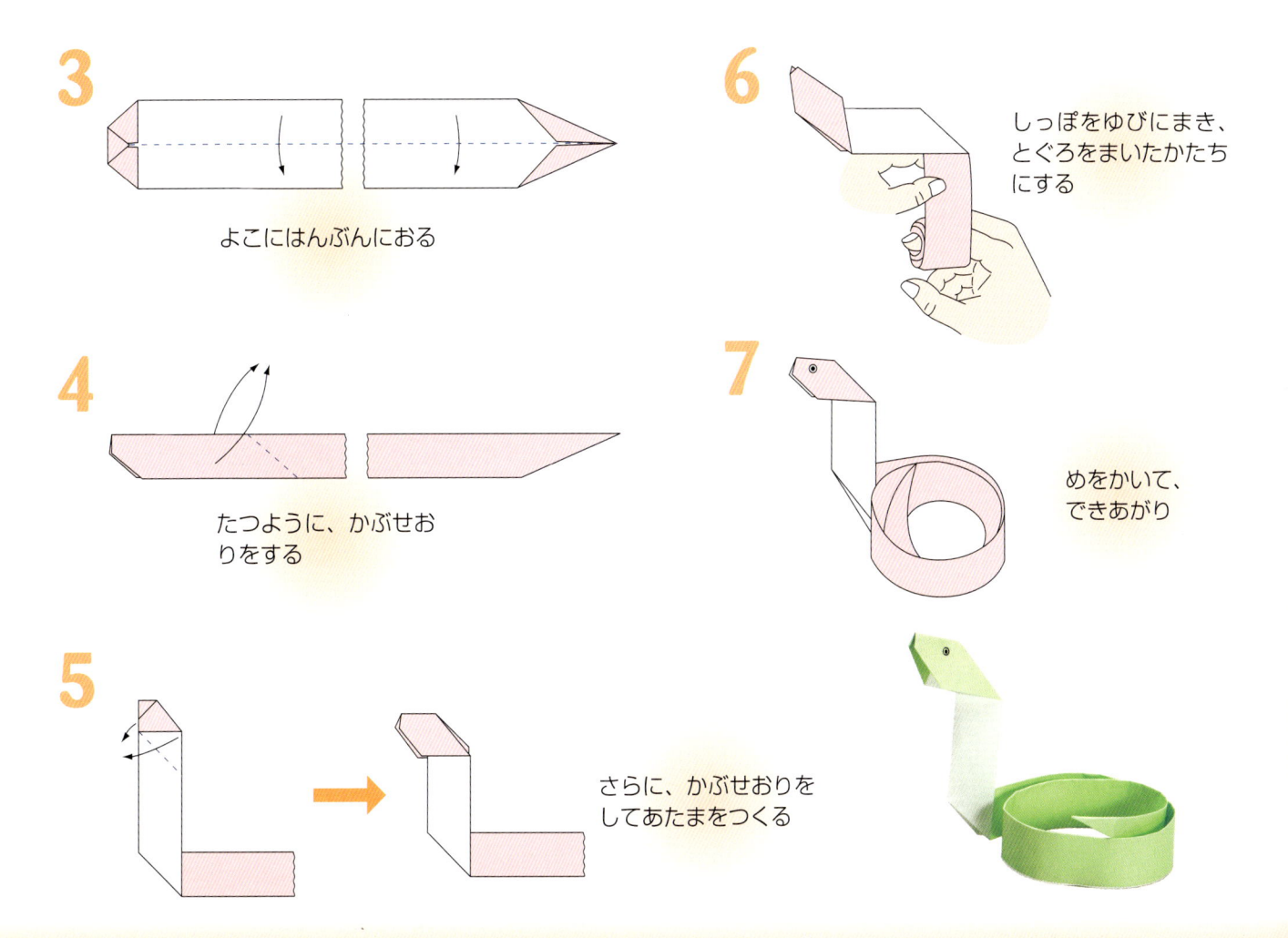

3

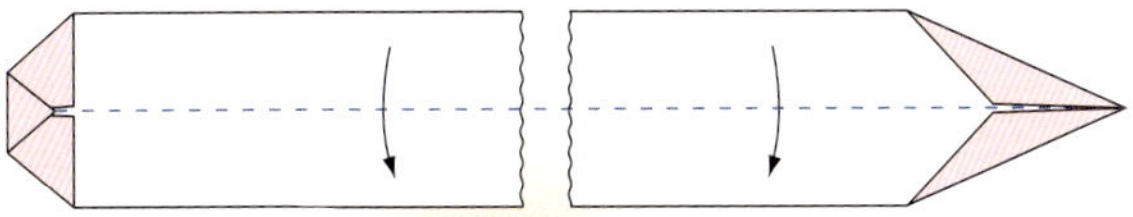

よこにはんぶんにおる

4

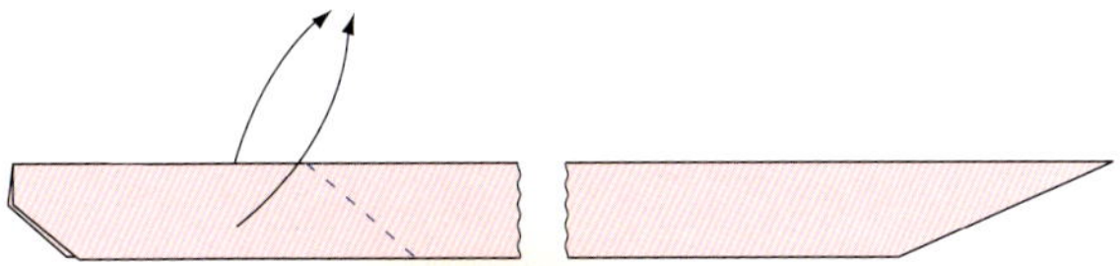

たつように、かぶせお
りをする

5

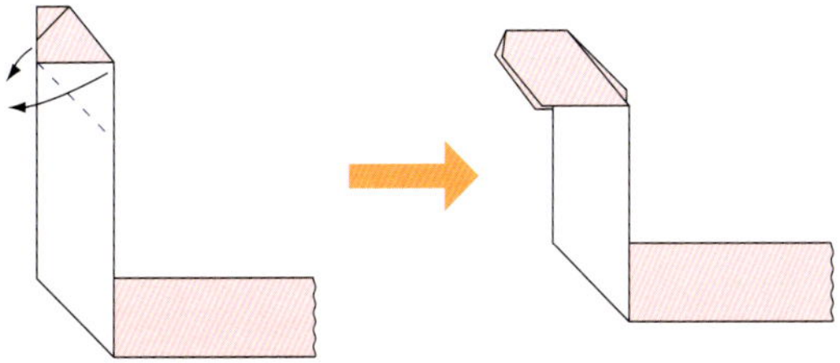

さらに、かぶせおりを
してあたまをつくる

6

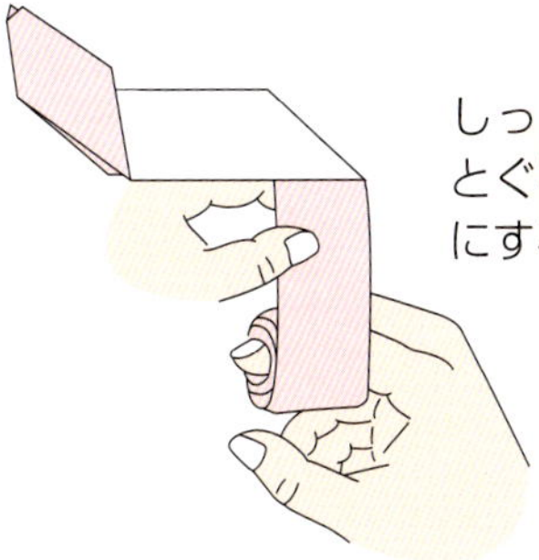

しっぽをゆびにまき、
とぐろをまいたかたち
にする

7

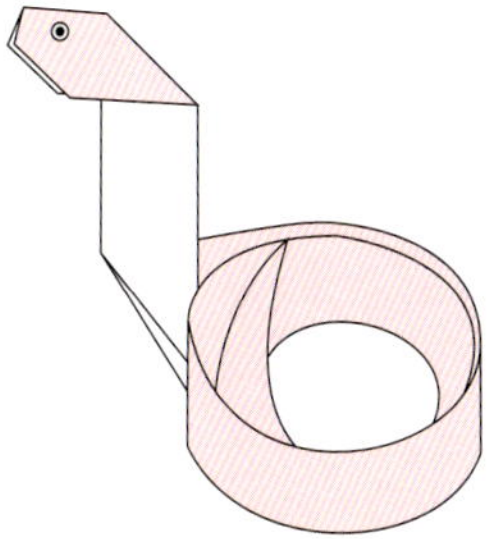

めをかいて、
できあがり

にわとり

2まいのおりがみをくみあわせてつくる、にわとり。
まんなかにビーだまをいれて、ゆるやかなさかに
おくと、コロコロとくだっていきます。

1

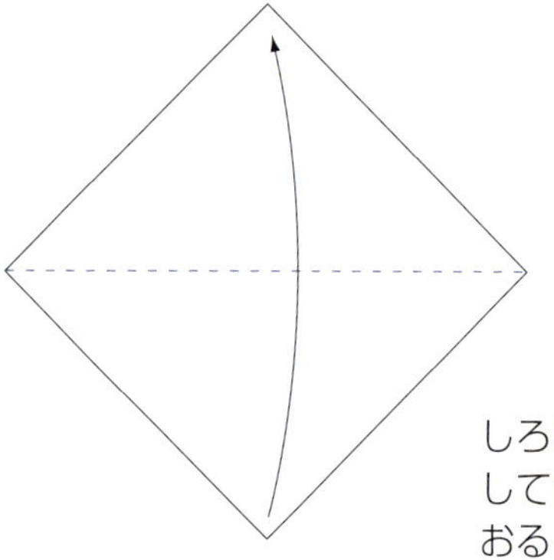

しろいめんをおもてに
しておき、さんかくに
おる

2

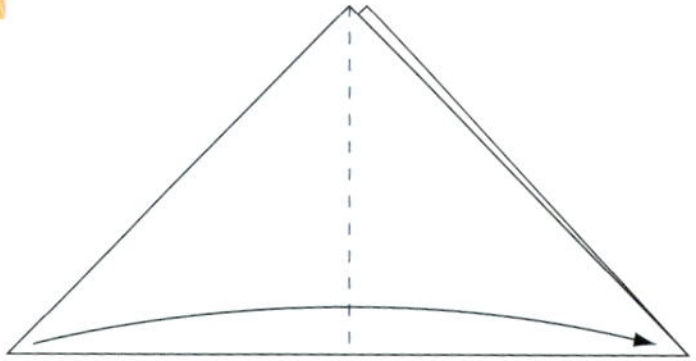

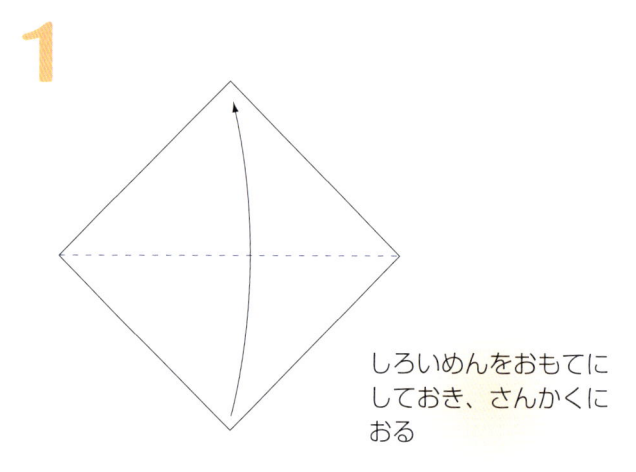

さらに、さんかくにおる

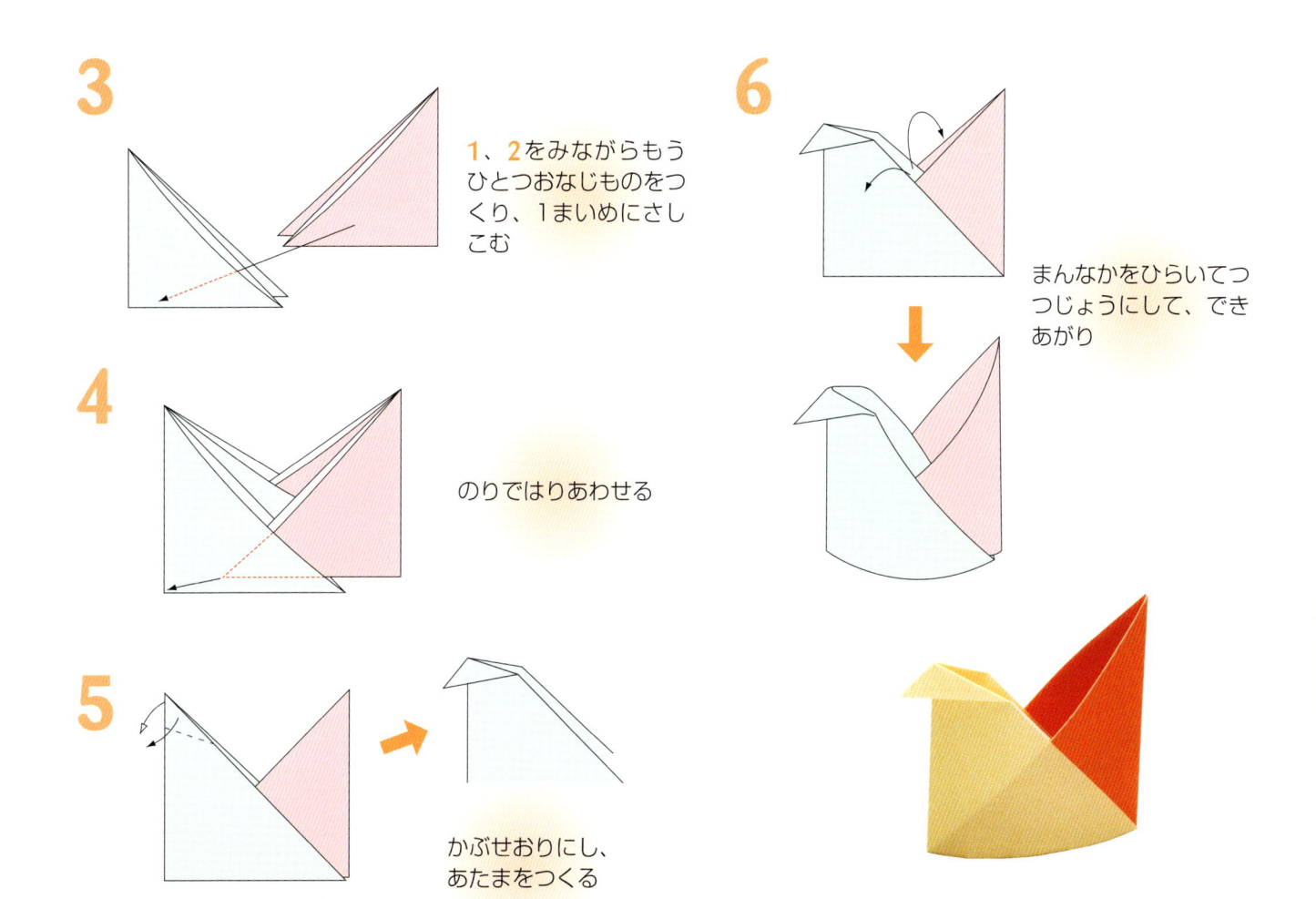

3

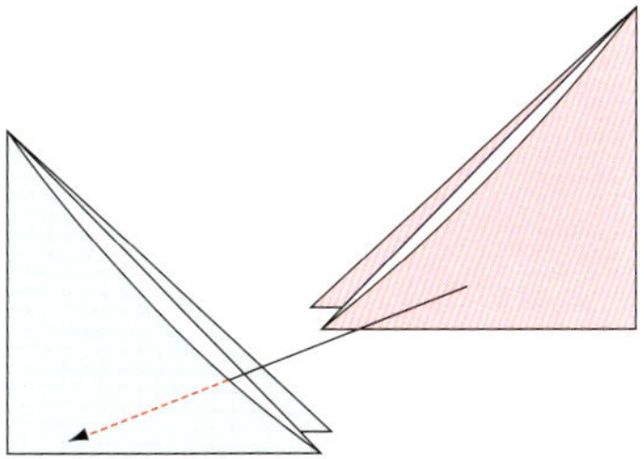

1、2をみながらもうひとつおなじものをつくり、1まいめにさしこむ

4

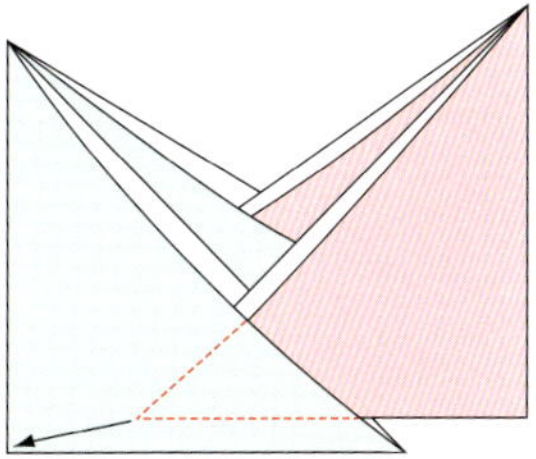

のりではりあわせる

5

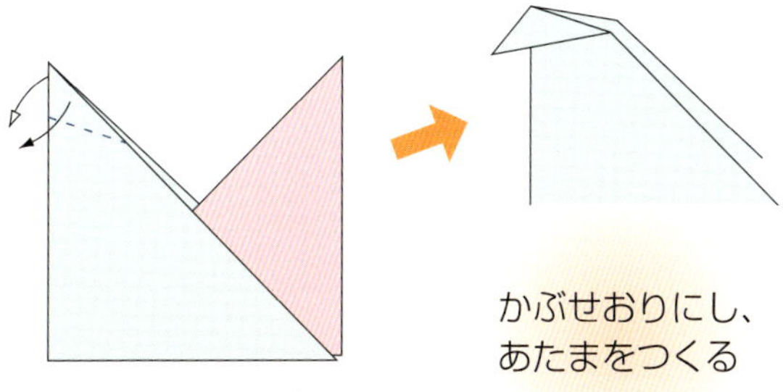

かぶせおりにし、あたまをつくる

6

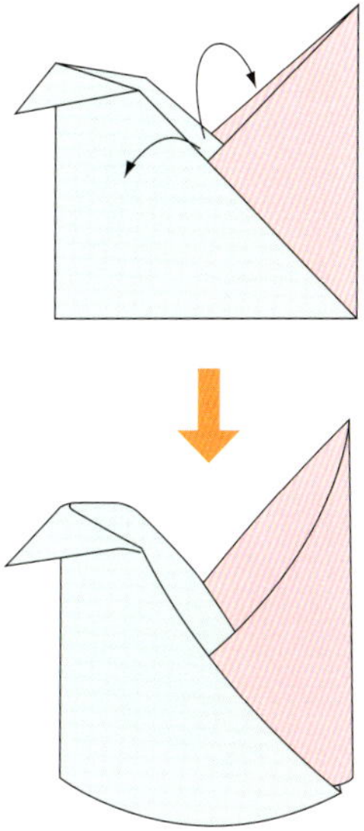

まんなかをひらいてつつじょうにして、できあがり

ペンギン

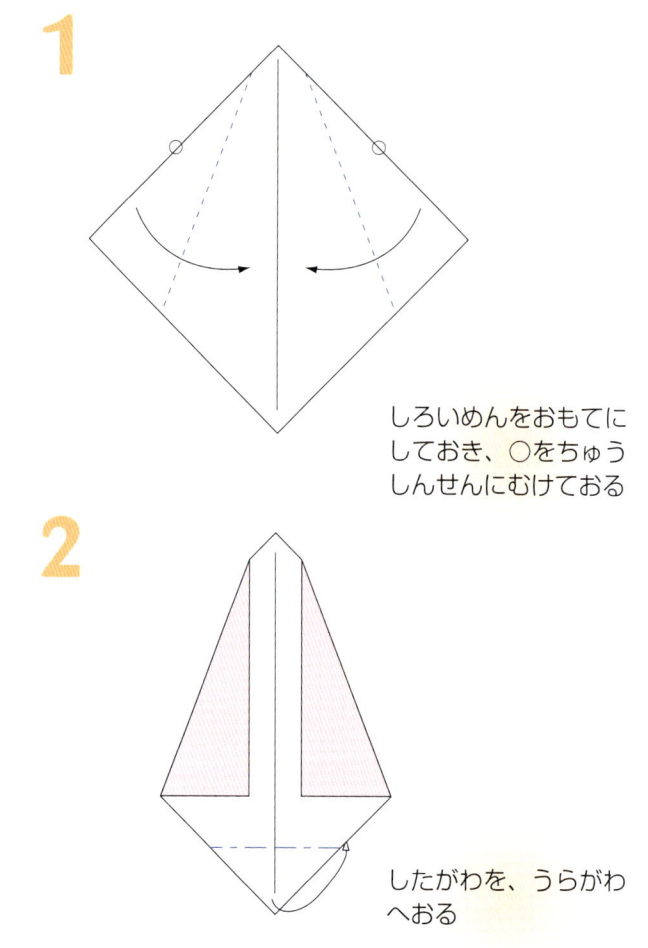

こおりのうえをよちよちあるく、かわいいペンギン。おおきいのや、ちいさいのをたくさんおって、だいこうしんをつくりましょう。

1

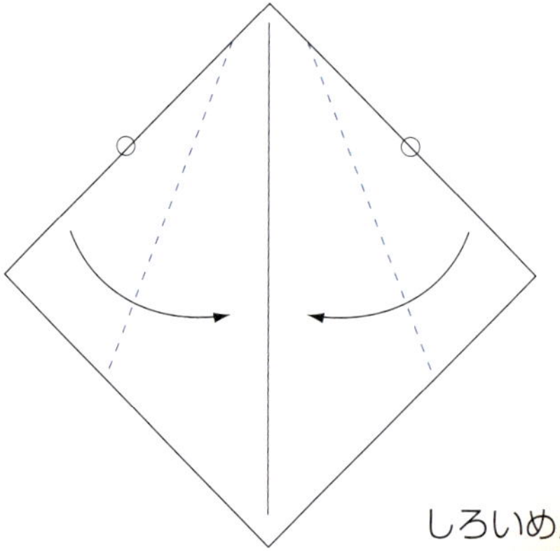

しろいめんをおもてにしておき、○をちゅうしんせんにむけておる

2

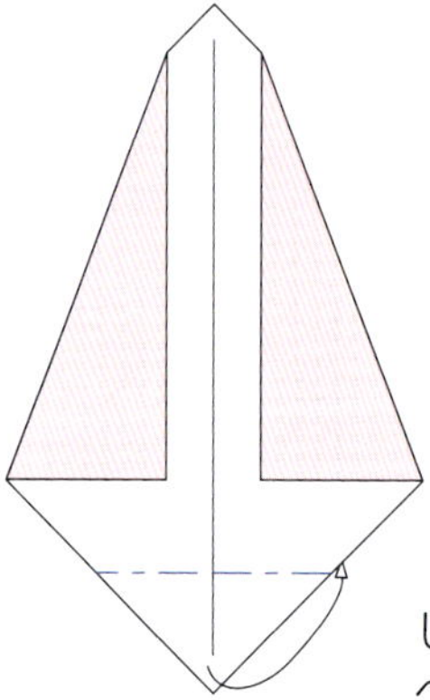

したがわを、うらがわへおる

3

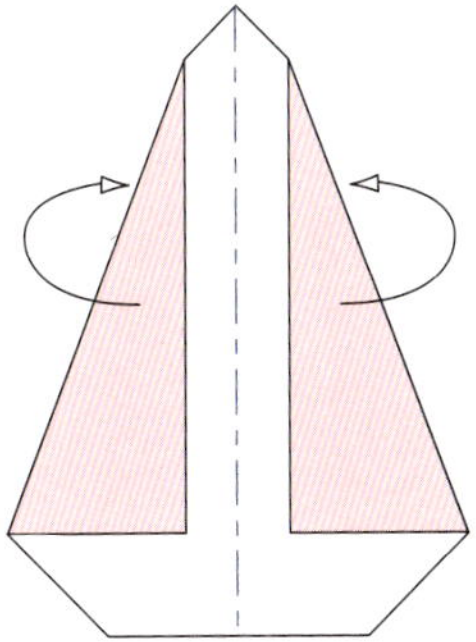

うらがわにおり、はんぶんにする

4

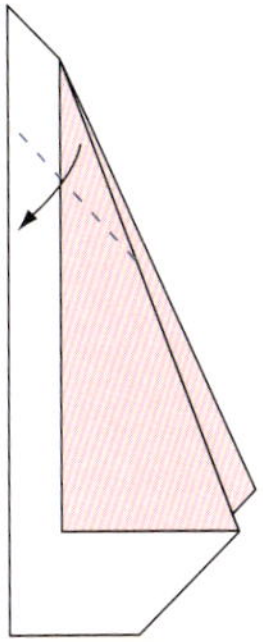

2まいいっしょにおって、おりせんをつける

5

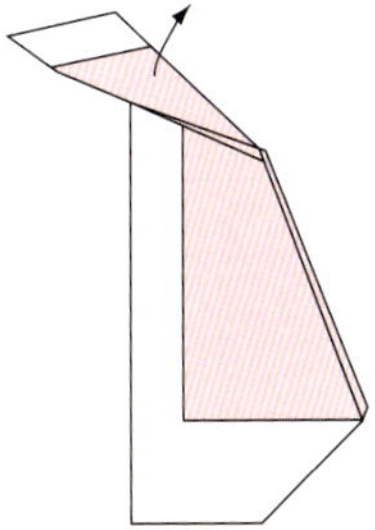

4でおったぶぶんを、もどす

6

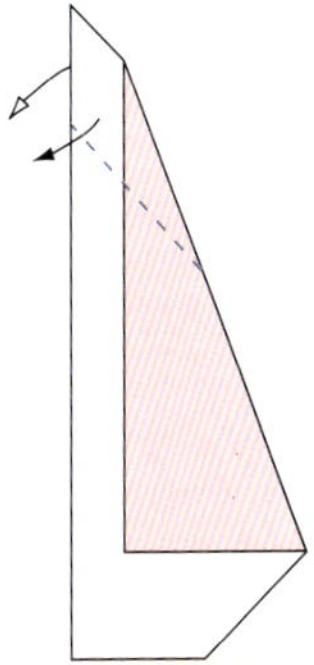

おりせんにあわせて、かぶせおりにする

7

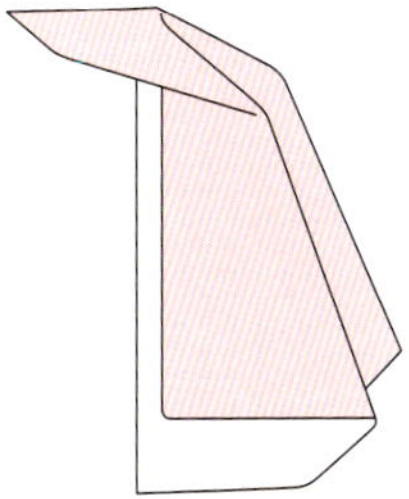

たつようにかたちをととのえたら、できあがり

こうもり

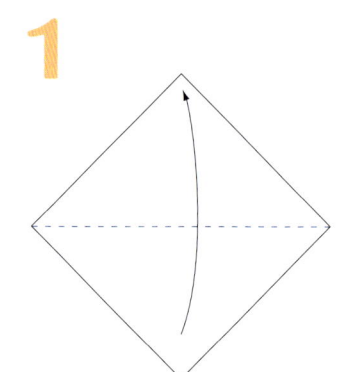

おおきなつばさをひろげて、よぞらをとびかうこうもり。あたまをつくるとき、きりおとしてしまわないよう、ちゅういしてください。

1

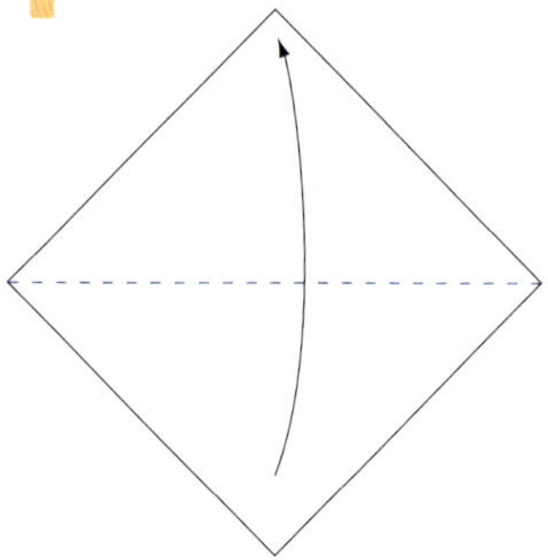

しろいめんをおもてにしておき、さんかくにおる

2

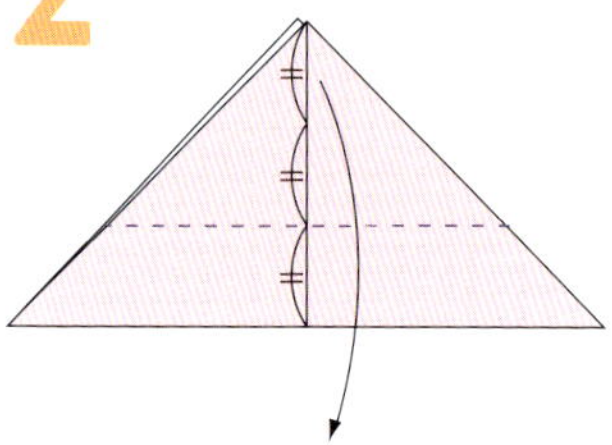

したから1／3のところをおる

3

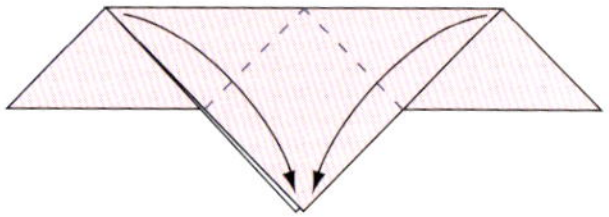

かどにあわせるようにおる

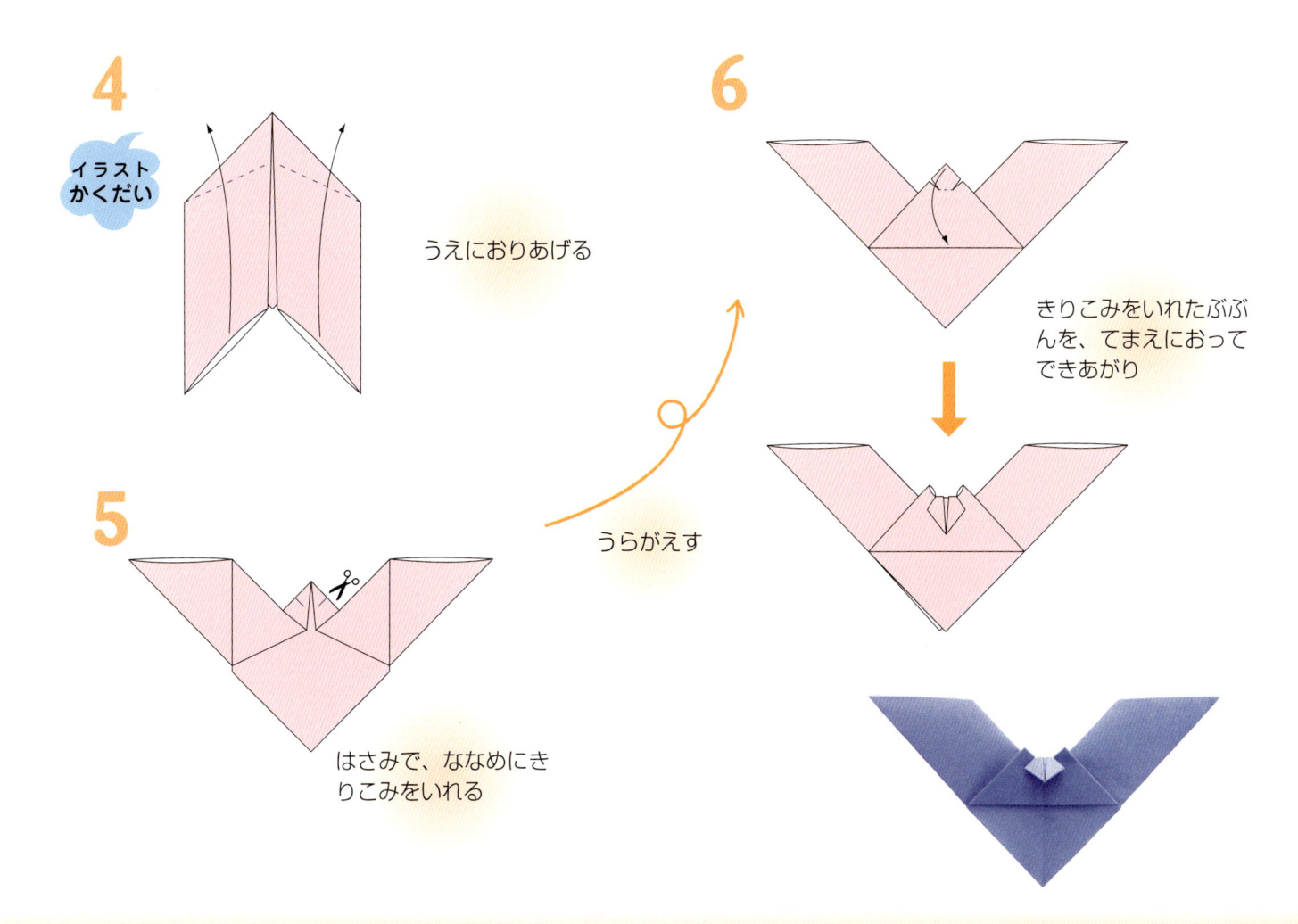

4

イラストかくだい

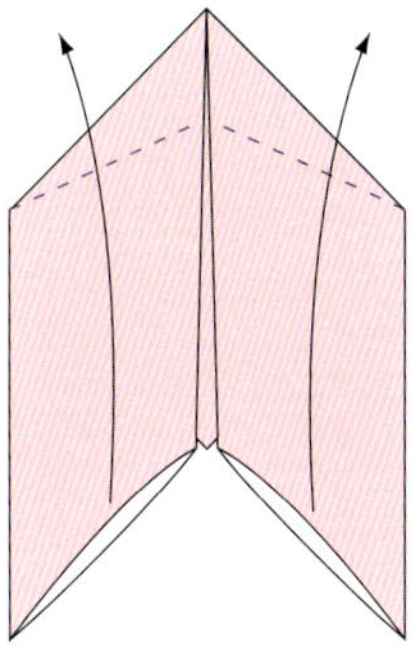

うえにおりあげる

5

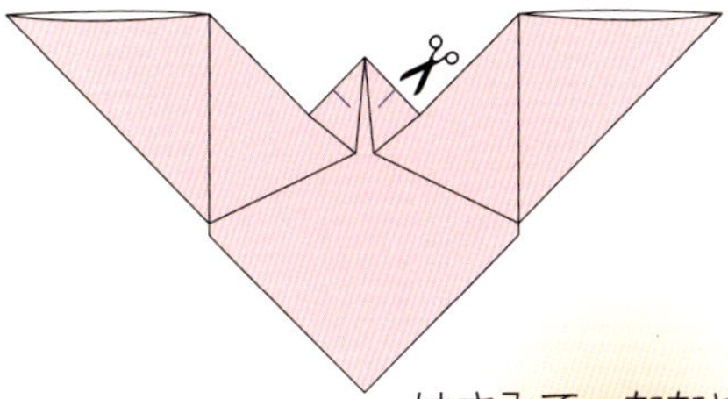

はさみで、ななめにきりこみをいれる

うらがえす

6

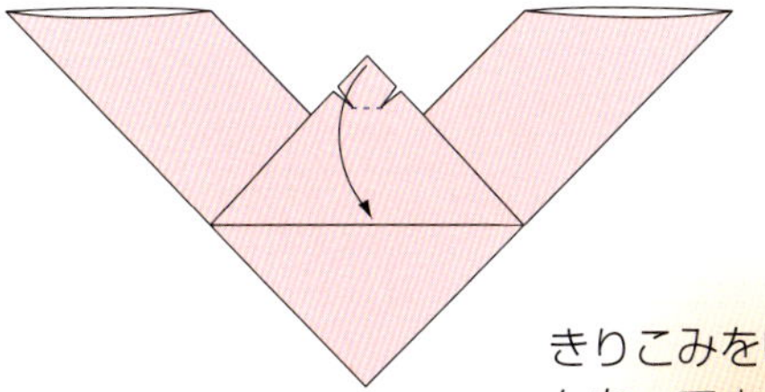

きりこみをいれたぶぶんを、てまえにおってできあがり

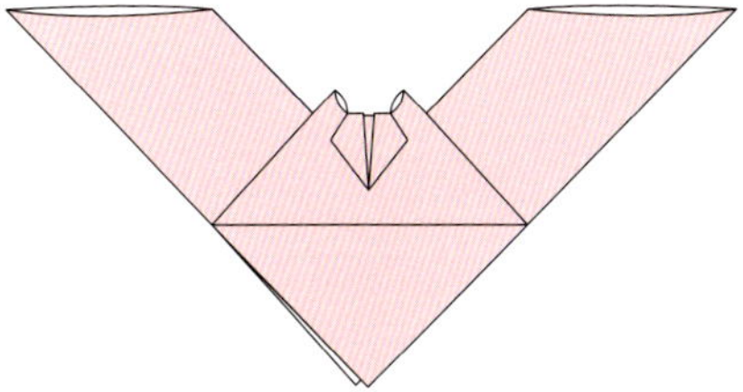

さる

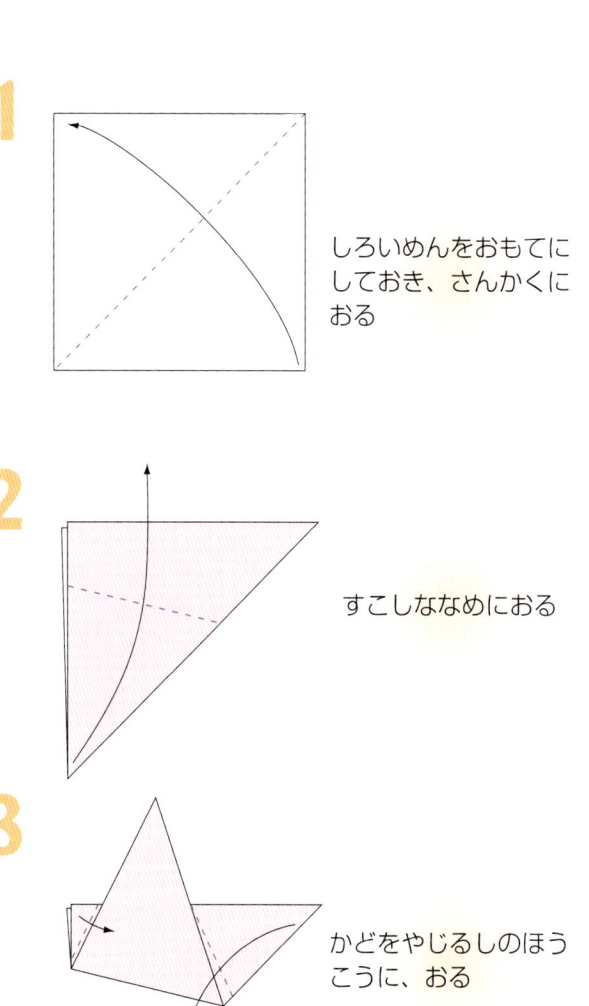

すわっているさるです。いろいろなおおきさのおりがみでおって、さるのおやこをつくってもたのしいでしょう。

1

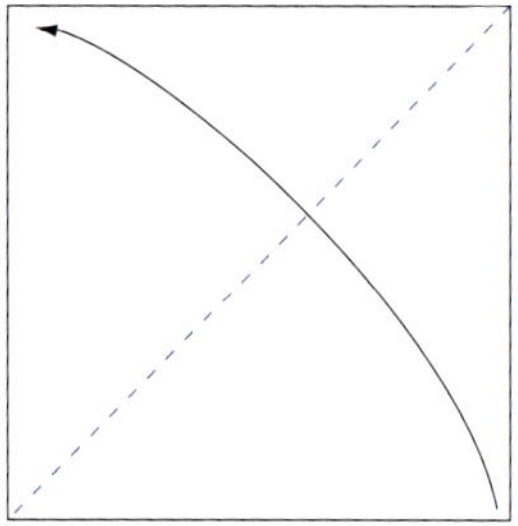

しろいめんをおもてにしておき、さんかくにおる

2

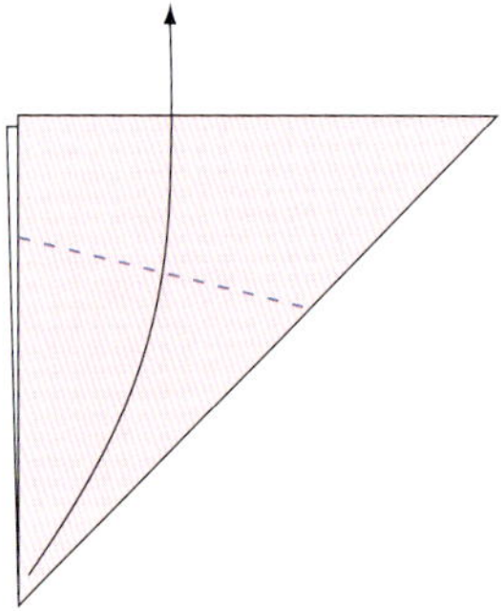

すこしななめにおる

3

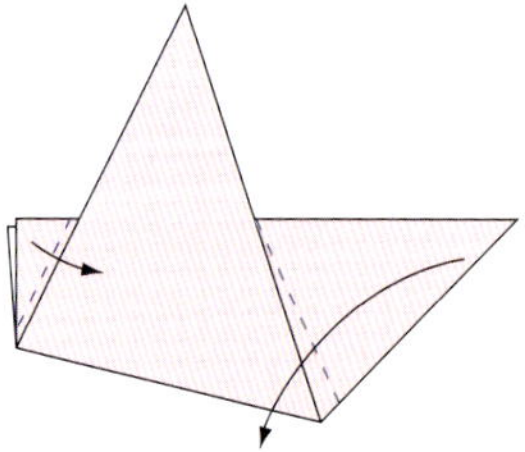

かどをやじるしのほうこうに、おる

4

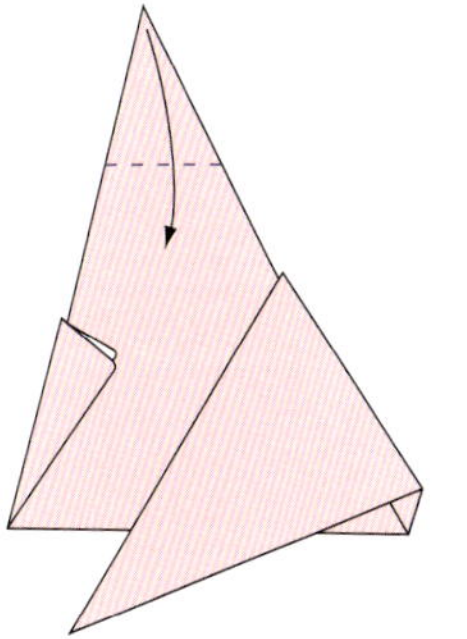

うえのかどをおる

5

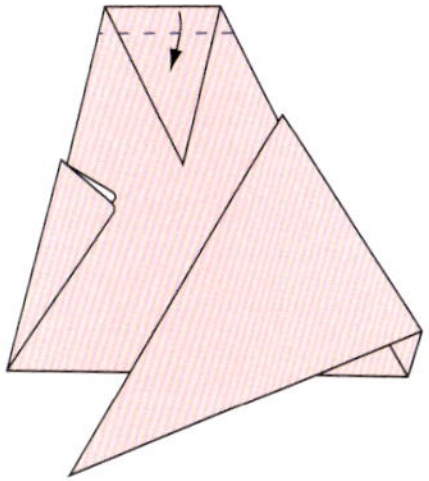

さらにおる

6

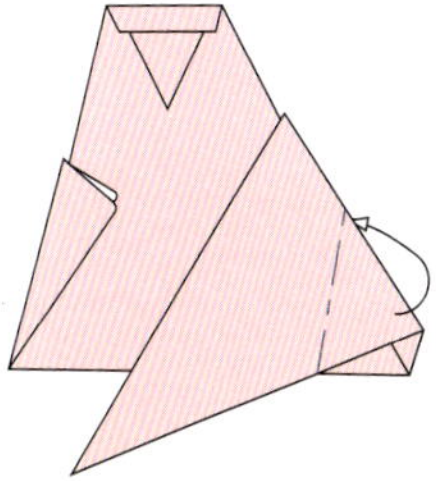

みぎがわを、うらがわ
におる

7

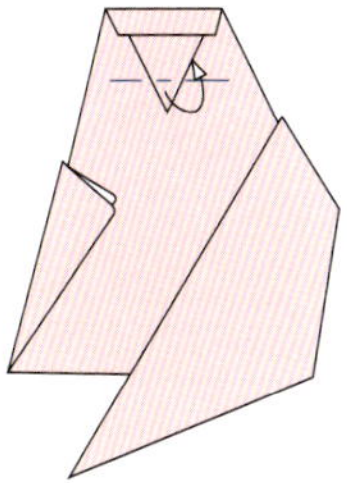

かどをうらがわにお
り、かおをつくってで
きあがり

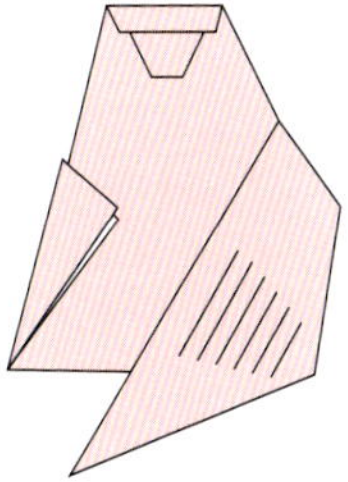

すわらせたいときは  の
ぶぶんをすこしそらせる

いぬ

かわいいワンちゃんが、おすわりしています。おおきさのちがうおりがみでつくれば、いぬのおやこのできあがり。

1

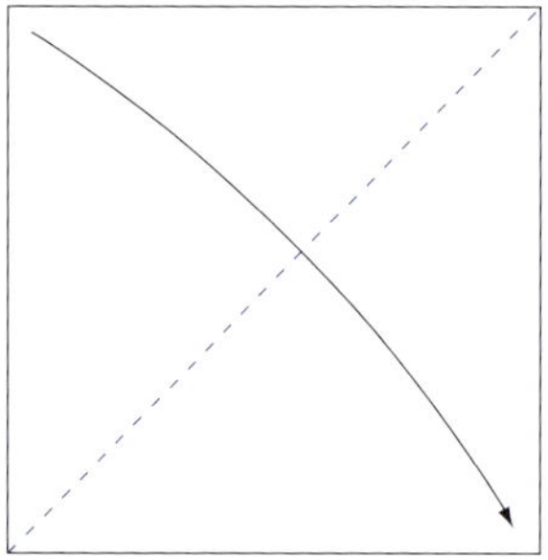

しろいめんをおもてにしておき、さんかくにおる

2

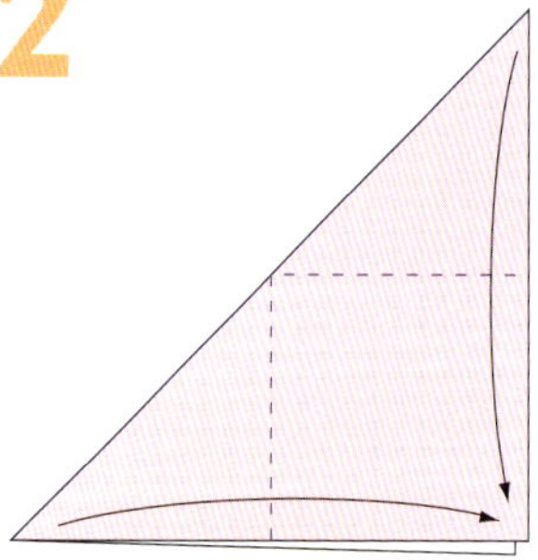

かどをおりあわせる

3

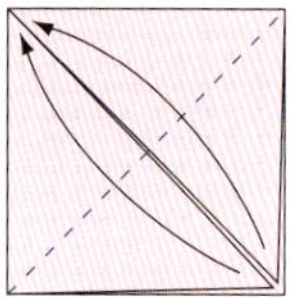

2でおったぶぶんをおりかえす

4

イラスト
かくだい

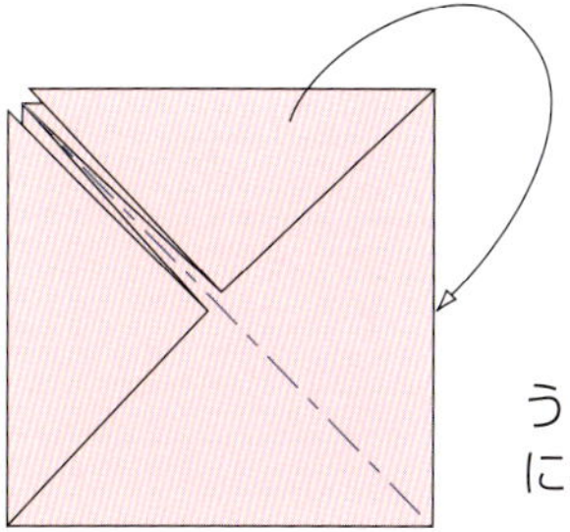

うらがわに、はんぶん
におる

5

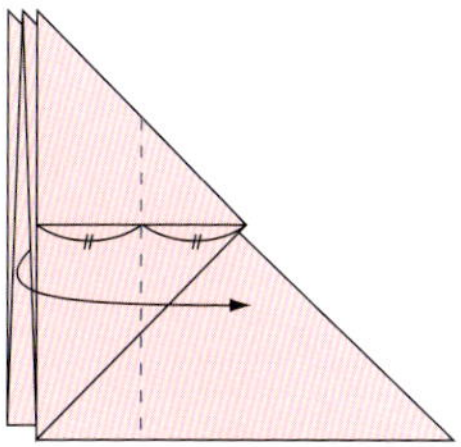

1／2のところでひら
いてつぶす

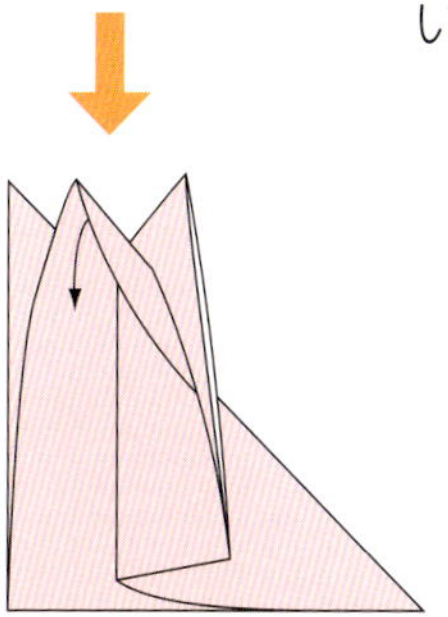

6

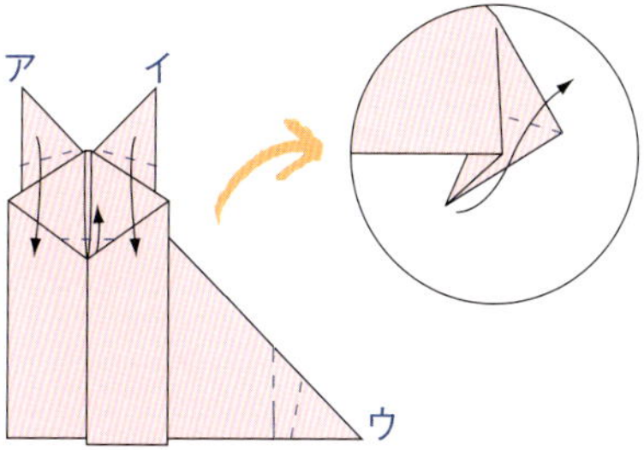

アとイをおりさげて、み
みをつくり、ウをかえし
おりにして、しっぽをつ
くり、できあがり

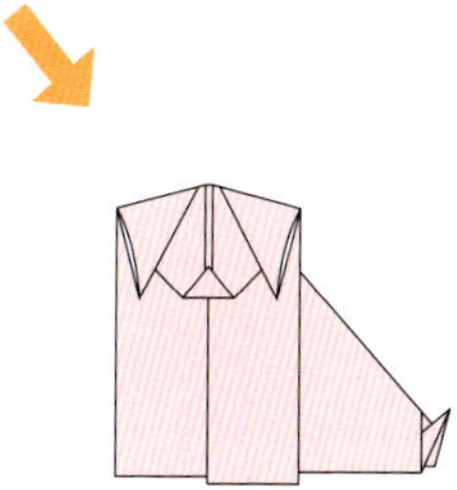

うさぎ

ながいみみが、ピン！　とたったうさぎ。4でみみをつくるとき、はさみのつかいかたにはちゅういして。かたみみを、おってもかわいいでしょう。

1

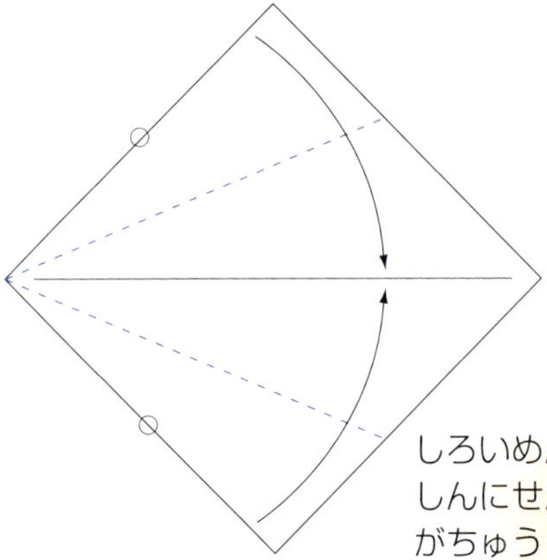

しろいめんに、ちゅうしんにせんをつけ、○がちゅうしんであうようにおる

2

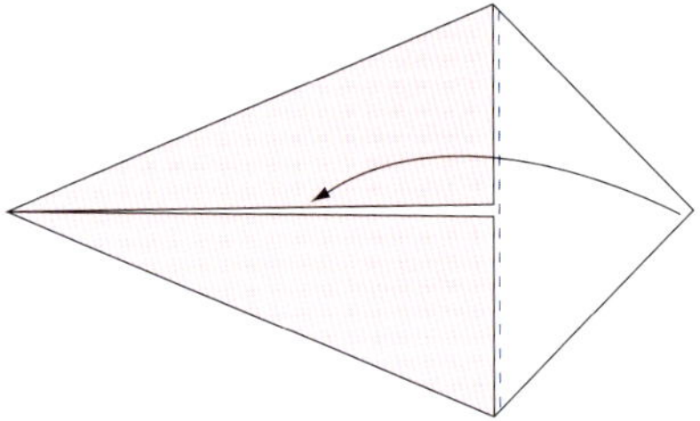

さんかくのぶぶんをやじるしのほうこうにおる

3

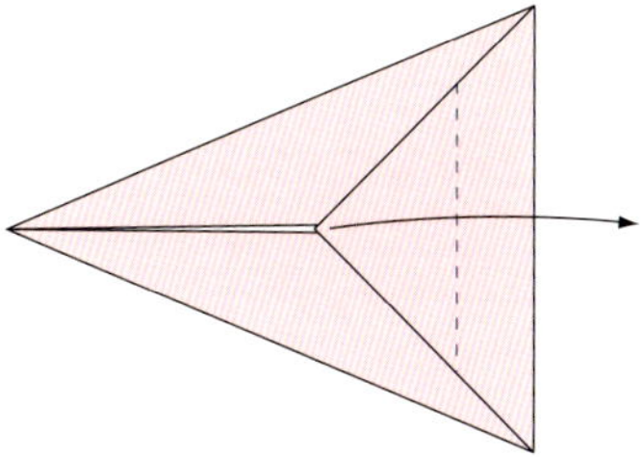

2でおったぶぶんをおりかえす

4

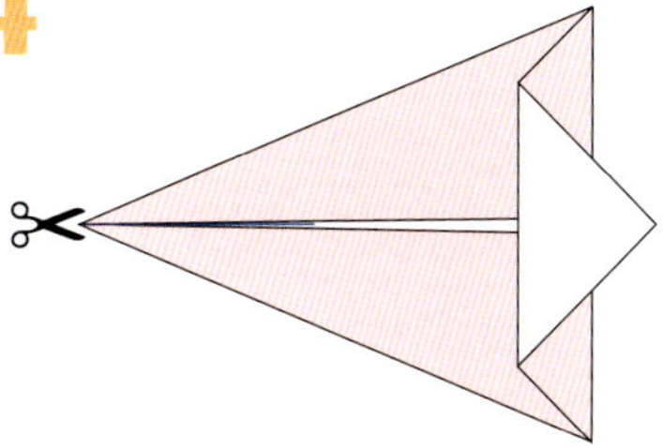

はさみで、みみになるぶぶんに、きりこみをいれる

5

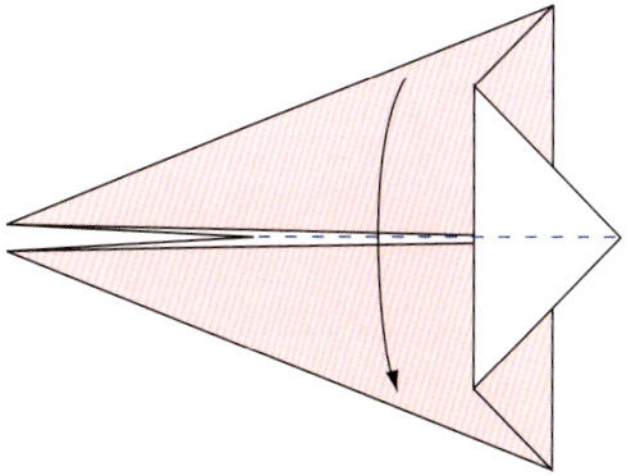

はんぶんにおる

6

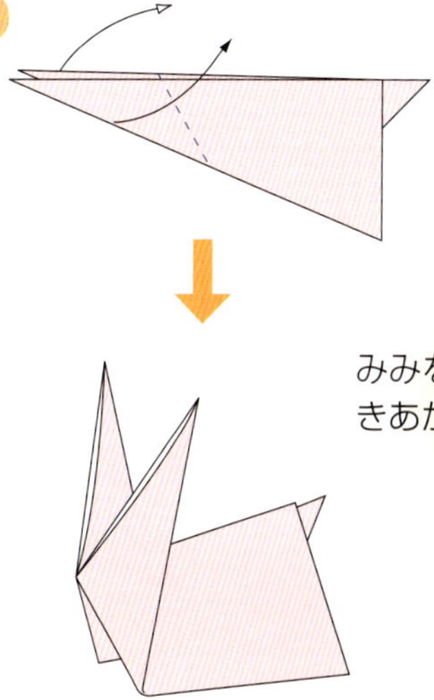

みみをおりあげて、できあがり

ぶた

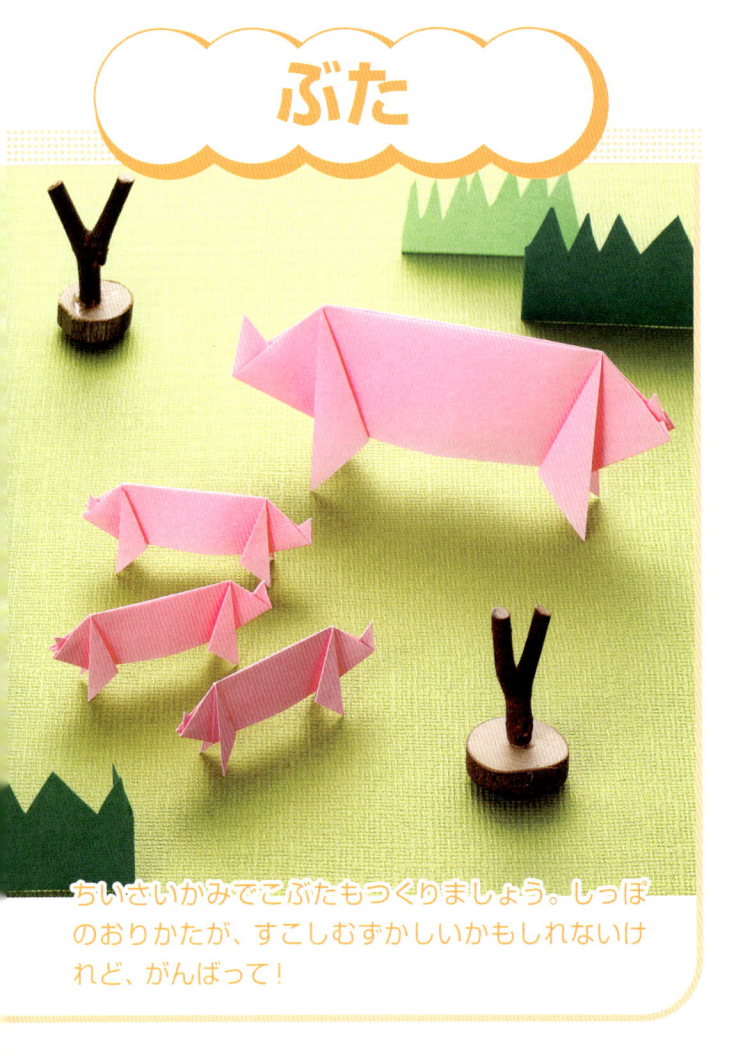

ちいさいかみでこぶたもつくりましょう。しっぽのおりかたが、すこしむずかしいかもしれないけれど、がんばって！

1

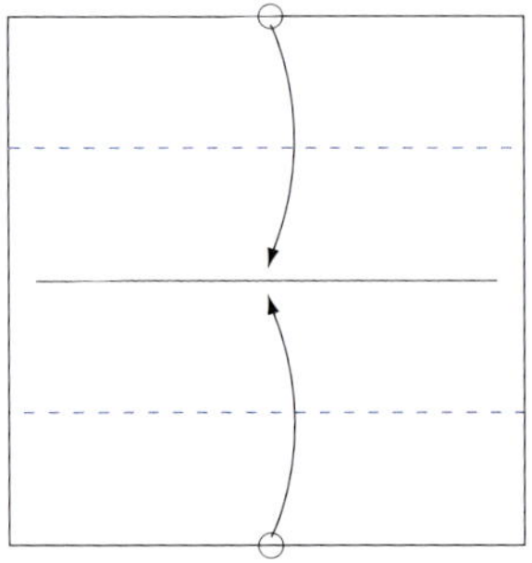

しろいめんの、ちゅうしんにせんをつけ、○がちゅうしんであうようにおる

2

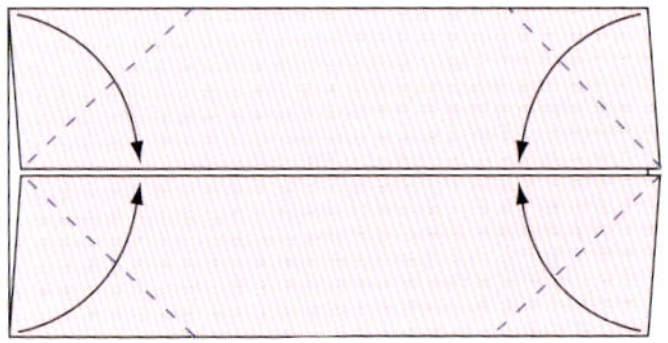

4つのかどをおる

3

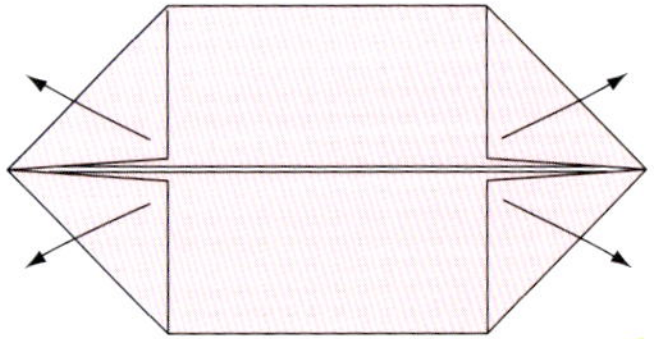

2でおったところを、もとにもどす

4

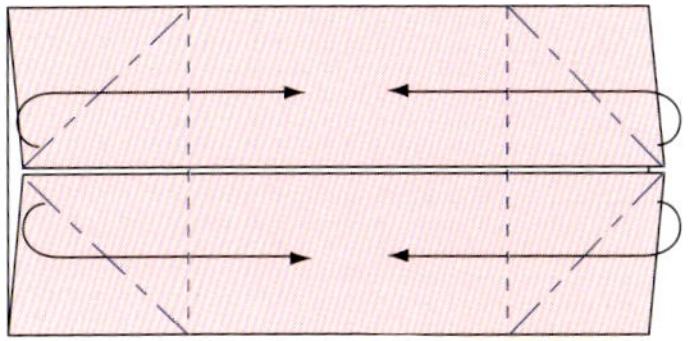

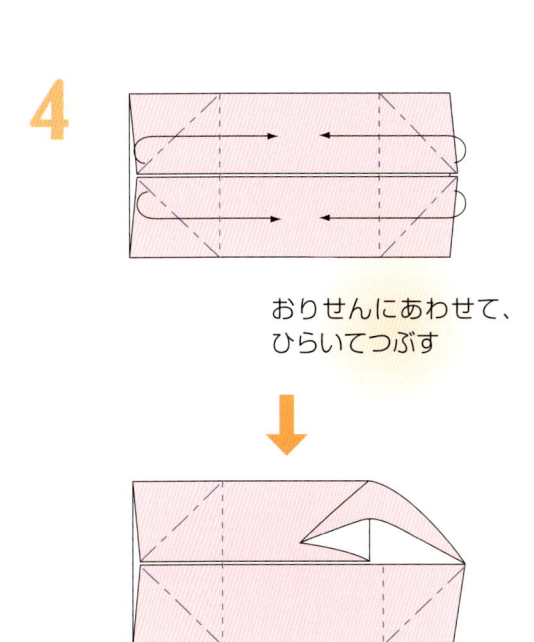

おりせんにあわせて、
ひらいてつぶす

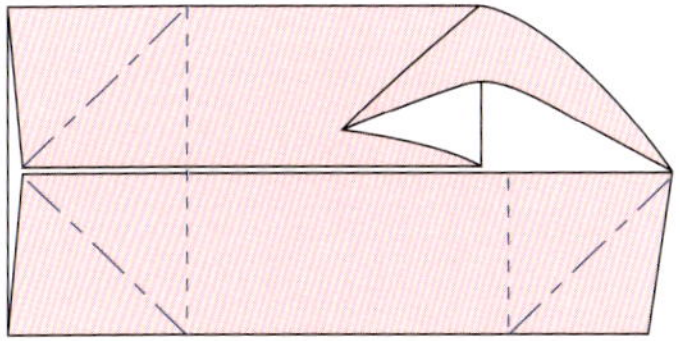

5

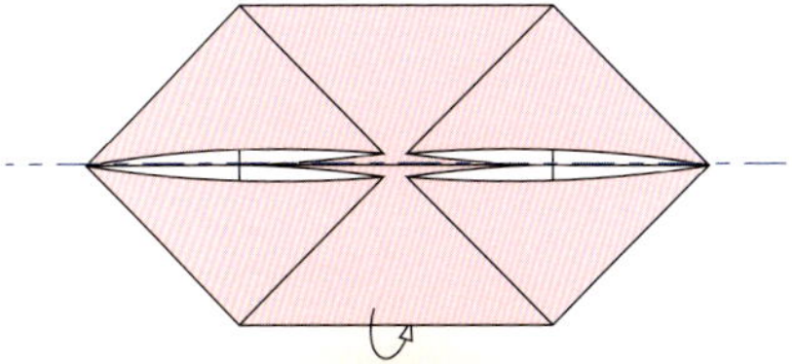

まんなかをやまおりに
し、はんぶんにおる

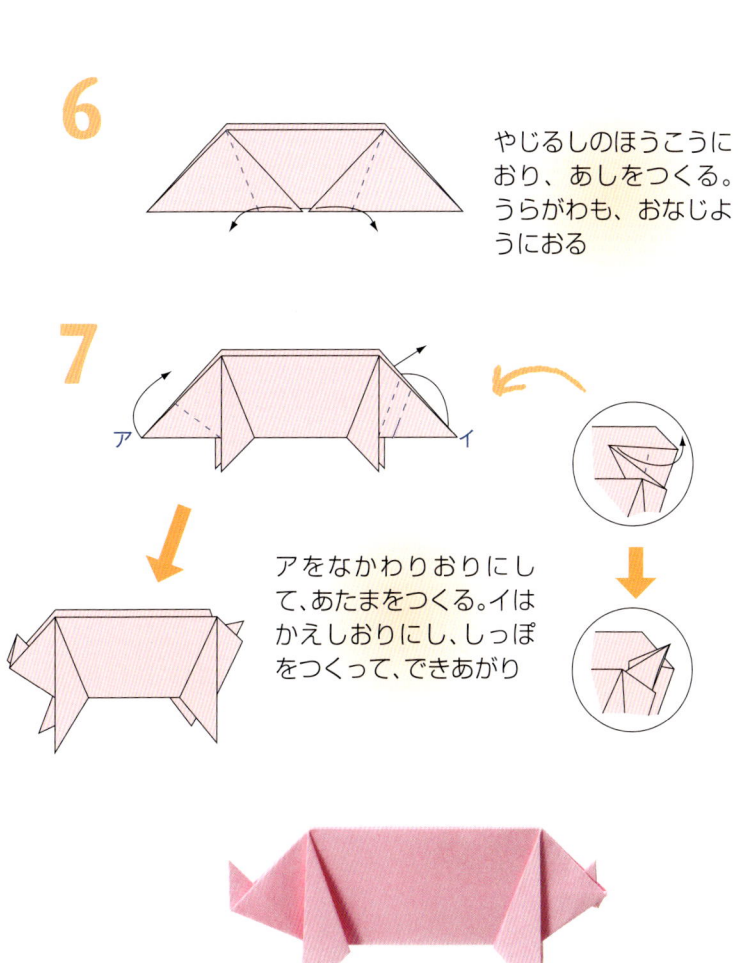

6

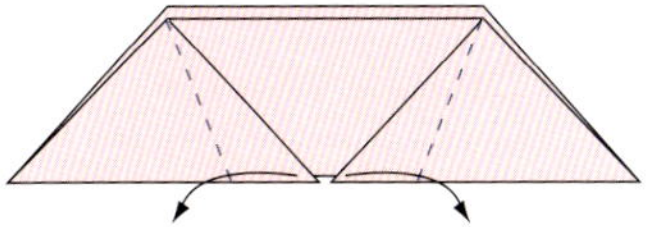

やじるしのほうこうに
おり、あしをつくる。
うらがわも、おなじよ
うにおる

7

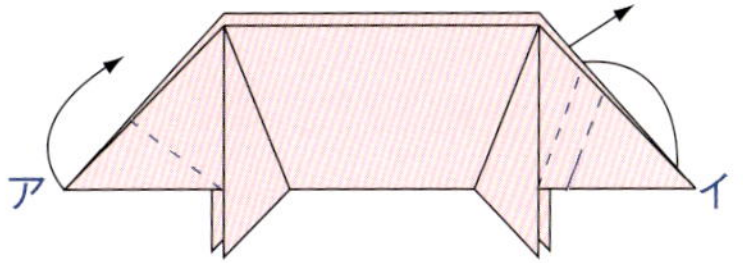

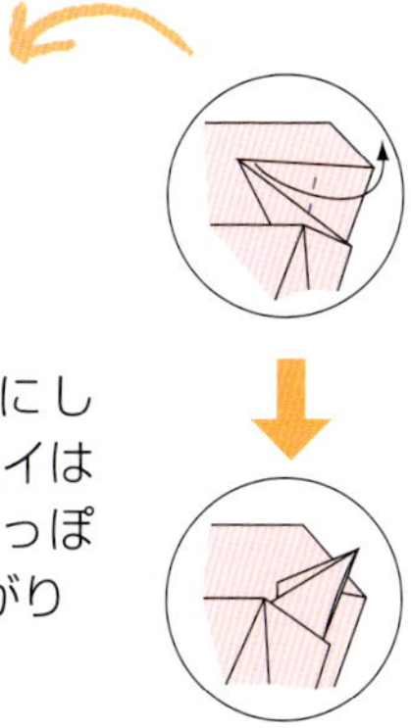

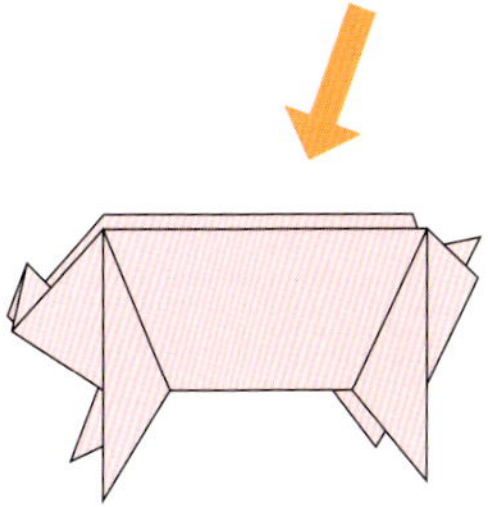

アをなかわりおりにし
て、あたまをつくる。イは
かえしおりにし、しっぽ
をつくって、できあがり

ぞう

あたまとからだを、べつべつにつくります。はなとあたまのかくどは、からだとくっつけるときにちょうせいできます。

あたまのおりかた

1

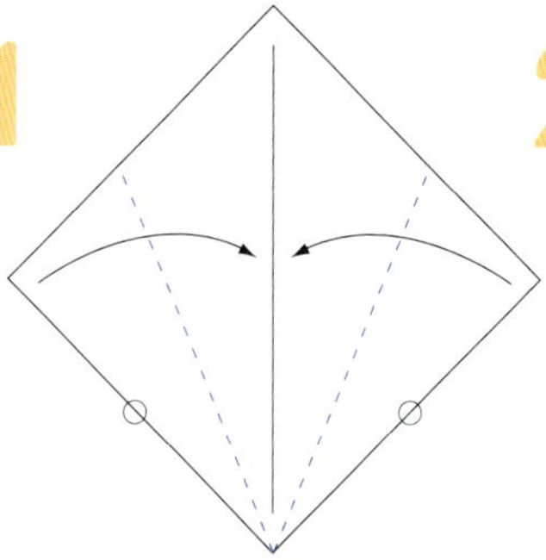

しろいめんのちゅうしんにせんをつけて、○がちゅうしんであうようにおる

2

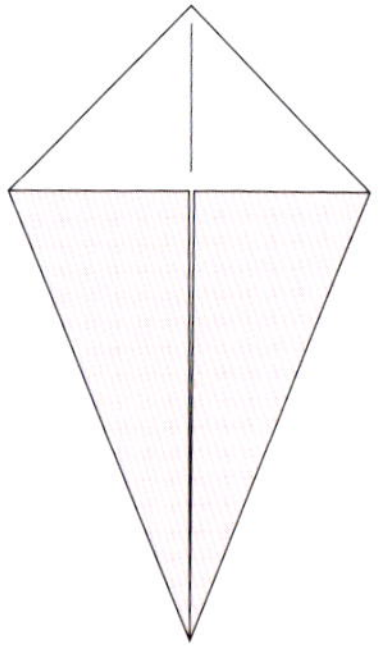

うらがえす

3

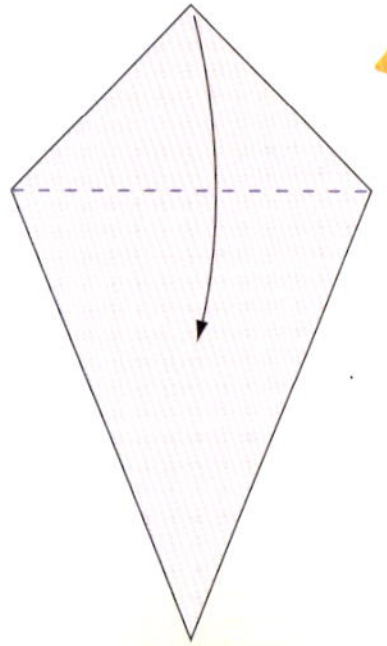

うえのかどをおりさげる

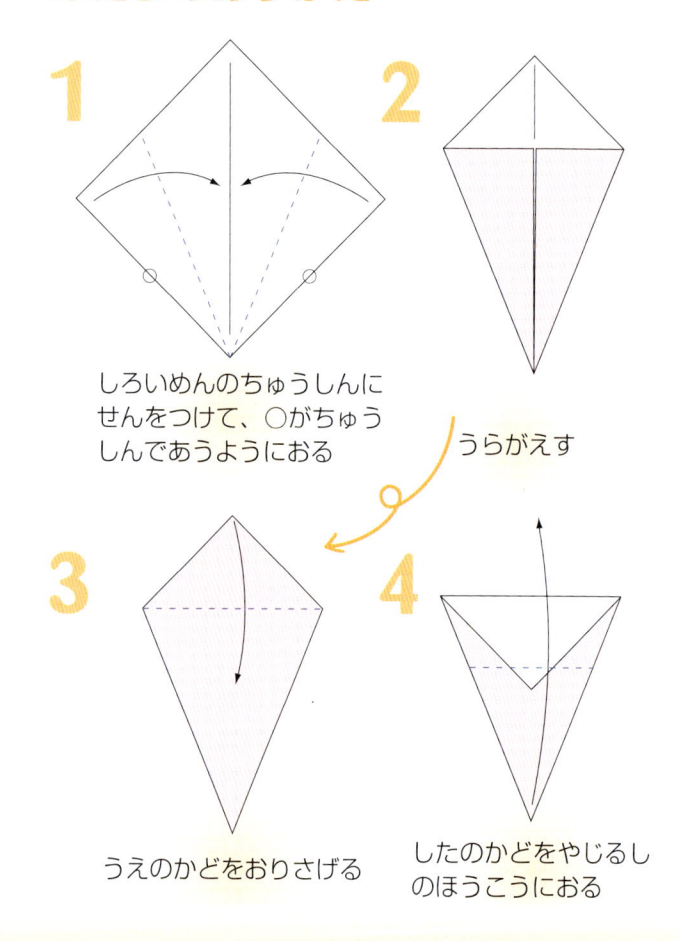

4

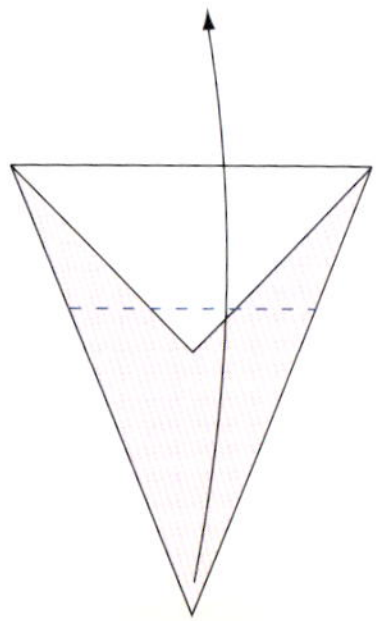

したのかどをやじるしのほうこうにおる

5

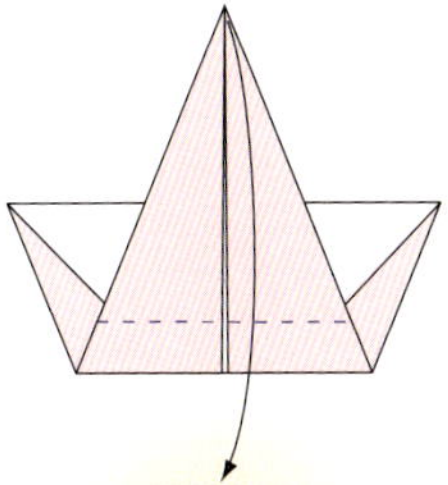

やじるしのほうこうに、
おりかえす

6

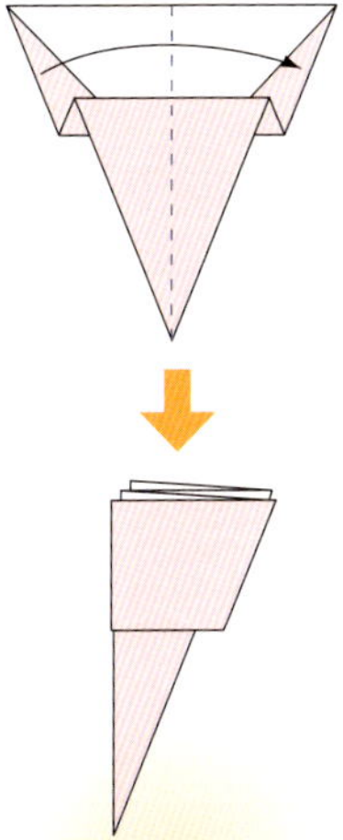

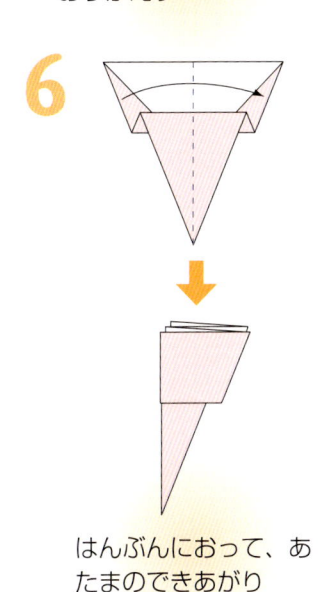

はんぶんにおって、あ
たまのできあがり

からだのおりかた

1

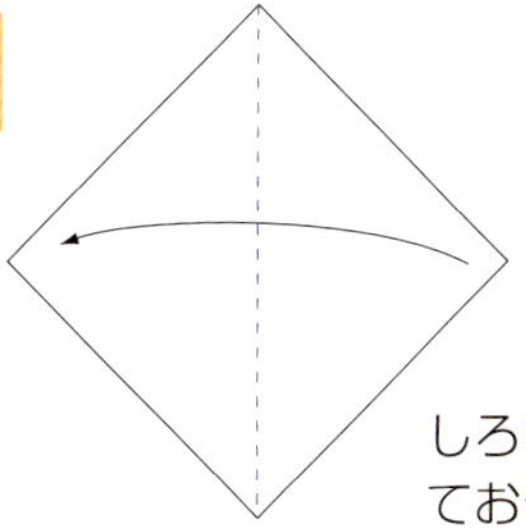

しろいめんをおもてにし
ておき、さんかくにおる

2

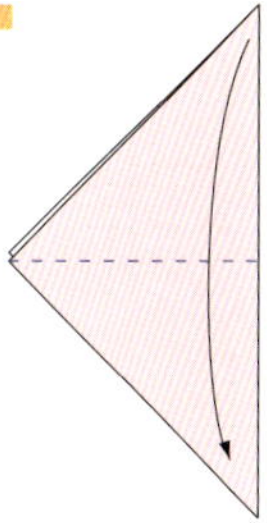

さらに、さんかくにおる

3

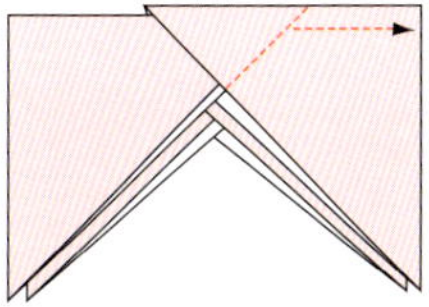

おなじものをもうひとつ
つくり、ふたつをさしこ
むようにくっつけて、か
らだのできあがり

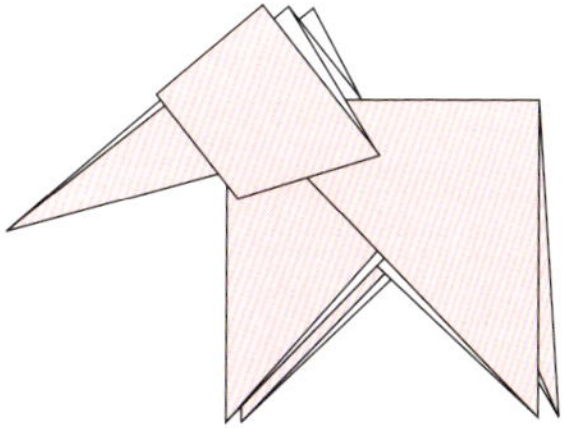

あたまにからだをさし
こんで、のりでとめて、
ぞうのできあがり

ひつじ

あたまは、からだの1／4のおおきさのかみでおります。あたまのかくどをかえれば、いろいろなひょうじょうがたのしめます。

あたまのおりかた

1

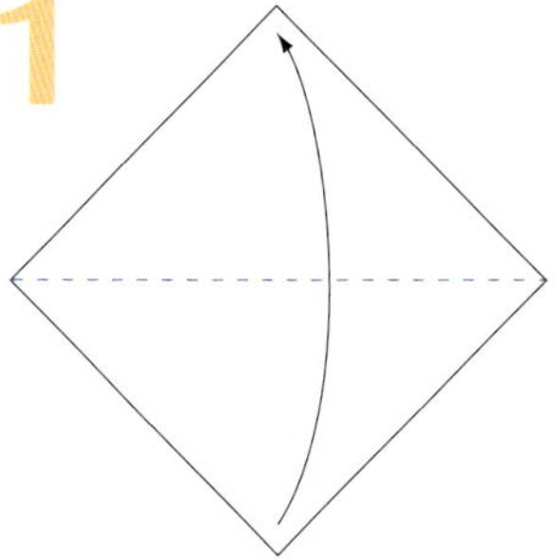

しろいめんをおもてにしておき、さんかくにおる

2

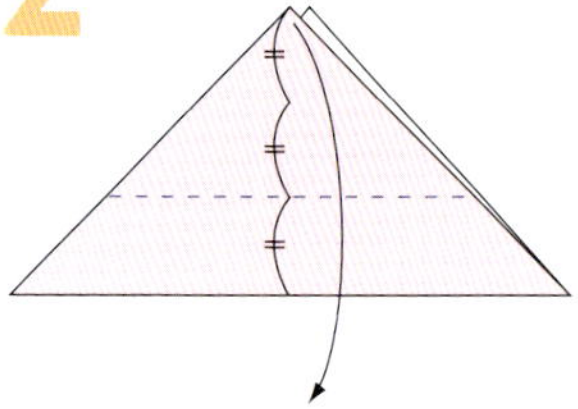

したから1／3のところで、2まいいっしょにおる

3

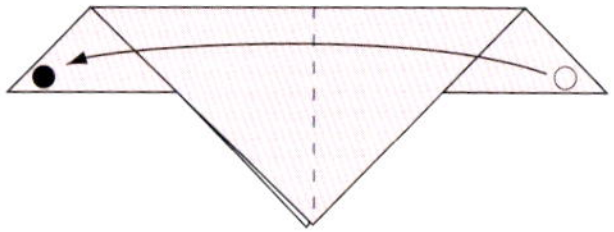

●と○のかどを、あわせるようにおる

4

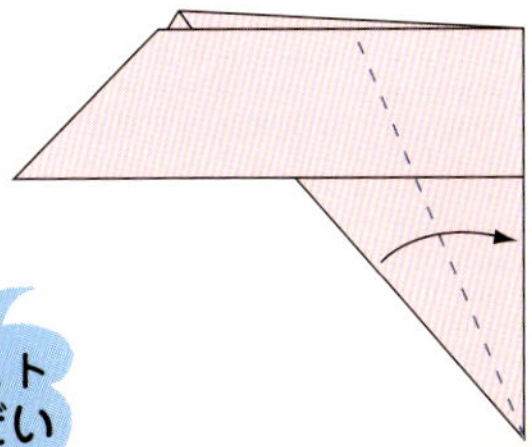

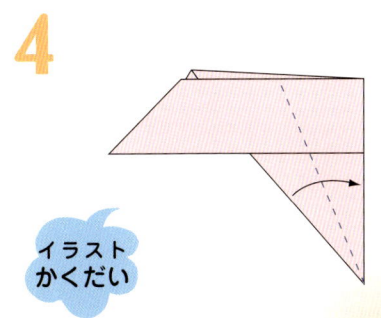

イラストかくだい

うえの1まいを、やじるしのほうこうにおる

5

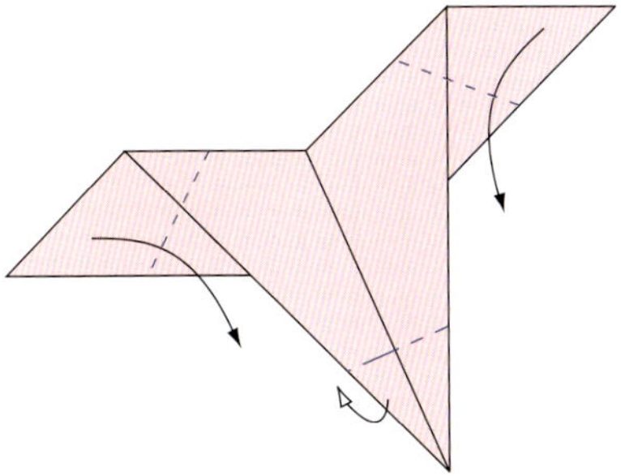

ツノのぶぶんをおり、あごはうらがわへおる

6

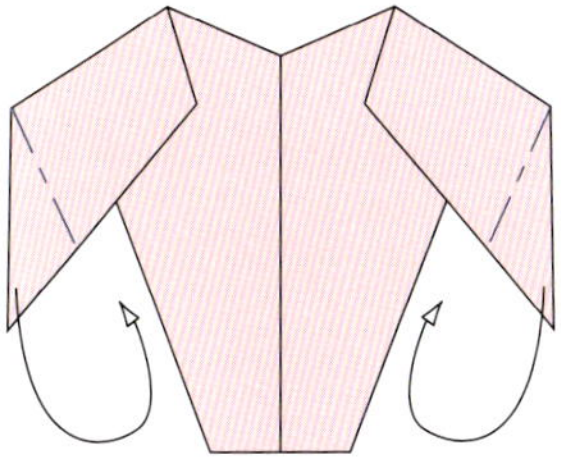

つのをうらがわへおって、あたまのできあがり

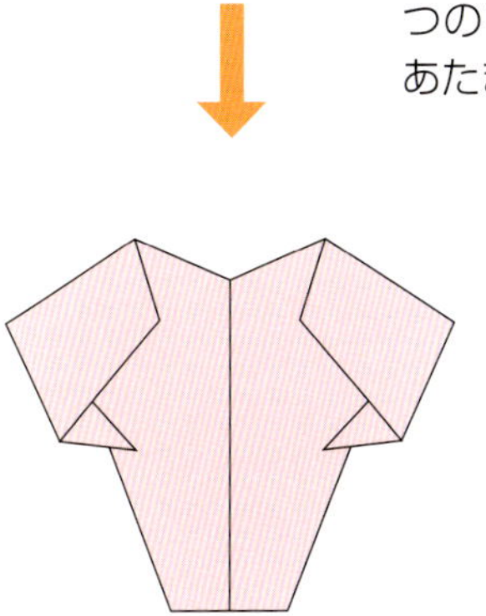

からだのおりかた

1

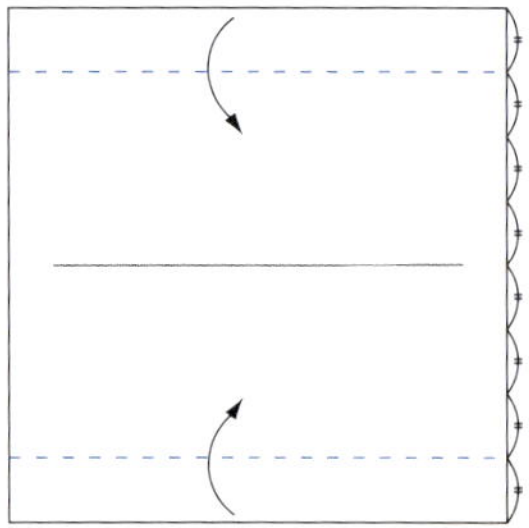

しろいめんをおもてに
しておき、うえとした
を1／8ずつおる

2

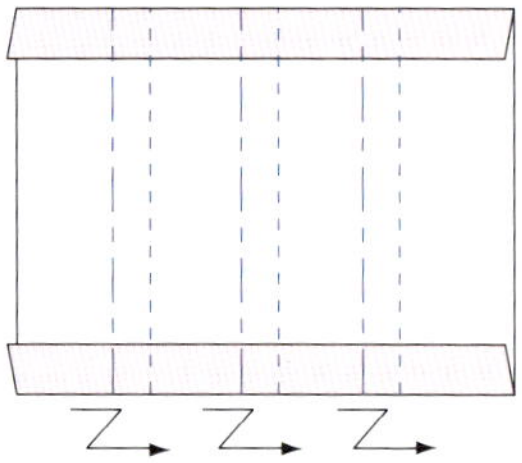

やまおりとたにおりを
くりかえし、だんおり
にする

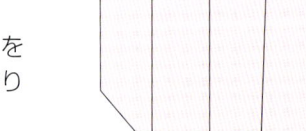

3

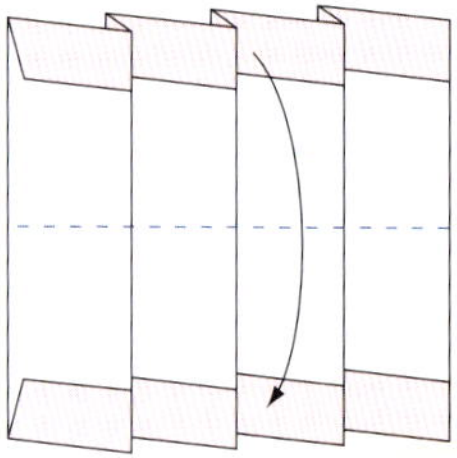

はんぶんにおる

4

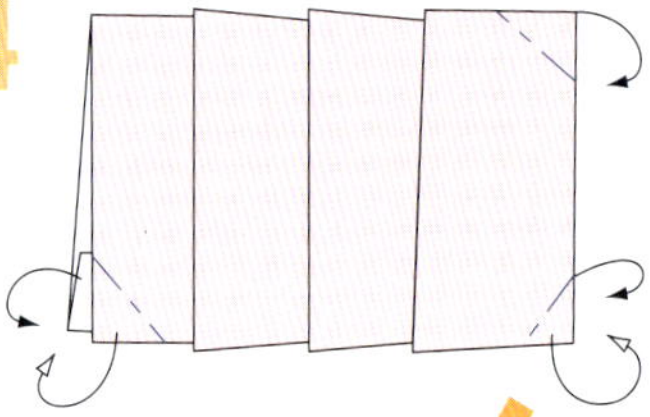

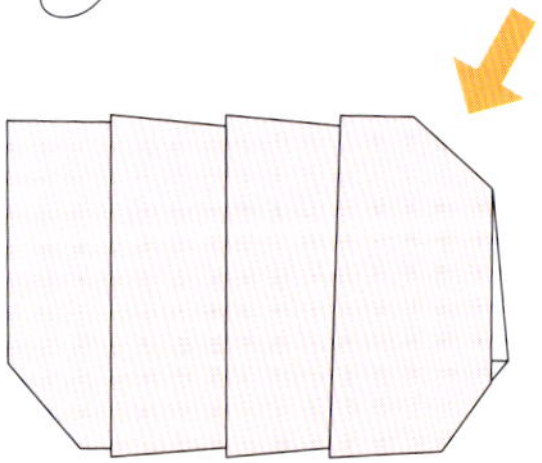

うえのかどは、なわかりお
りにし、したのかどは、う
ちがわへおって、からだの
できあがり

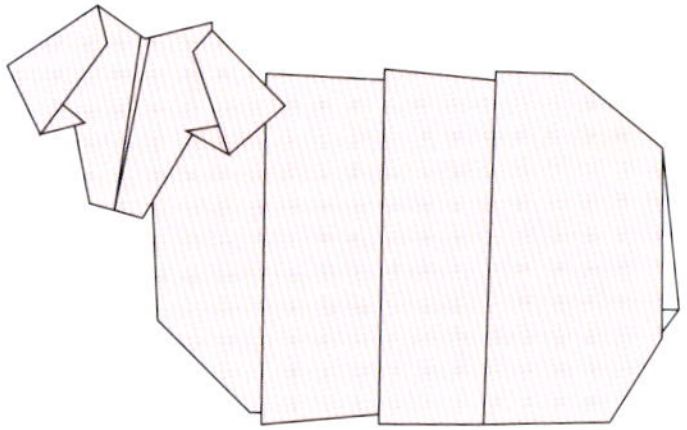

かおをのりではって、
ひつじのできあがり

いれもの

トロッコはこ

にもつはこびにかつやくするトロッコのかたちをしたはこです。2まいのおりがみをつかいます。7のさしこみかたで、はこのおおきさがかわります。

1

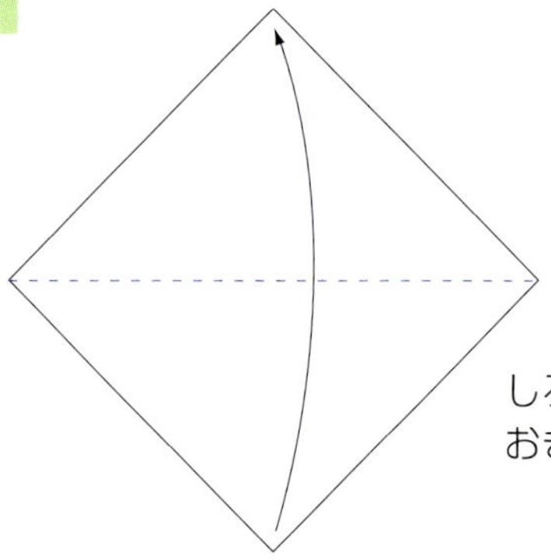

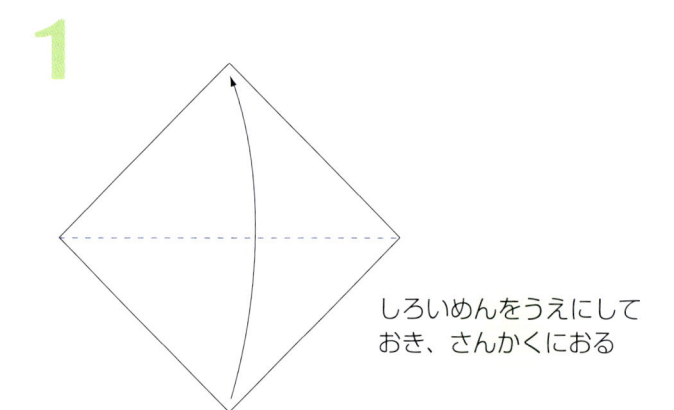

しろいめんをうえにしておき、さんかくにおる

2

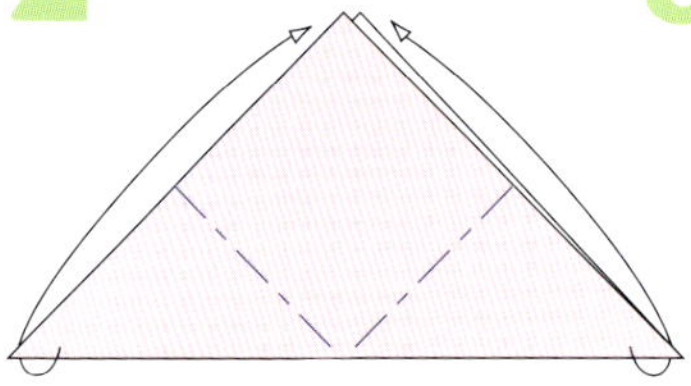

やまおりで、うらがにおる

3

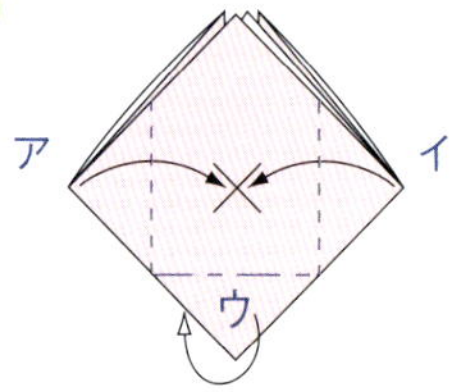

アとイをてまえにおり、ウはうらがわにおる

4

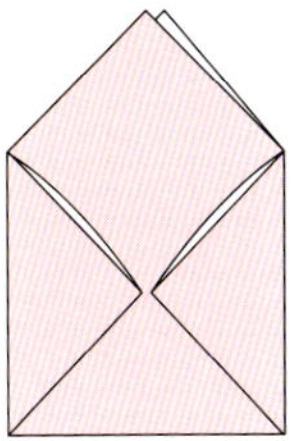

うらがえす

5

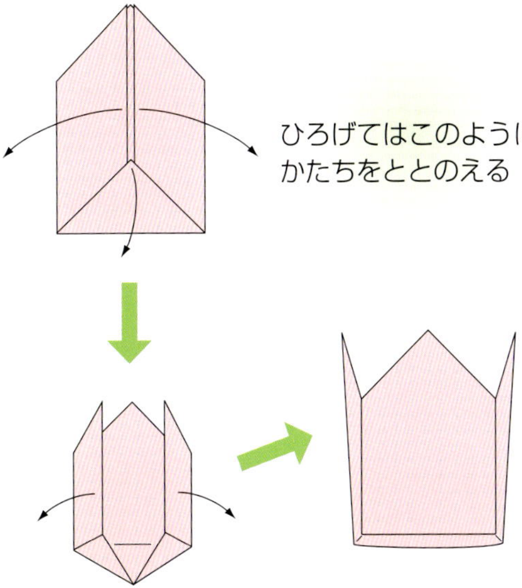

ひろげてはこのように
かたちをととのえる

6

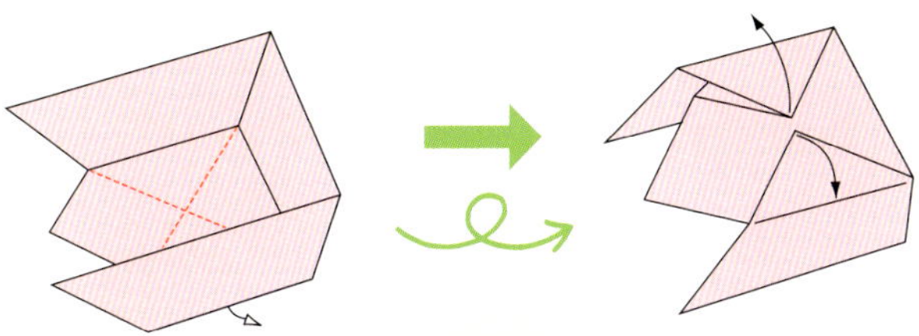

おなじものを2つつく
り、そこにあるさんかく
のぶぶんをたてる

7

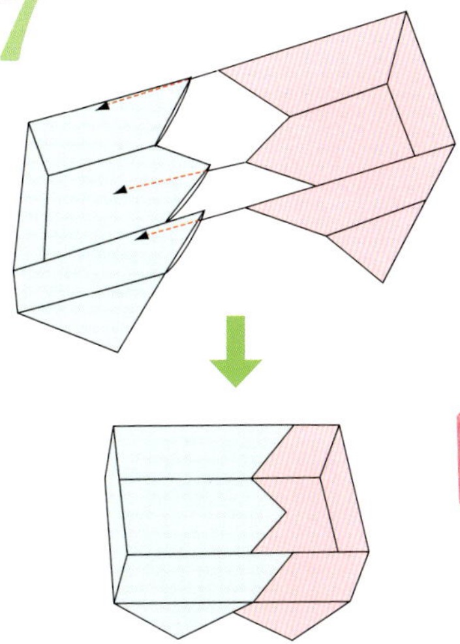

2つをさしこんで、のり
でとめて、できあがり

コップ

コップのかたちのいれものです。みずにつよいかみをつかえば、おちゃやジュースをのむことだってできます。

1

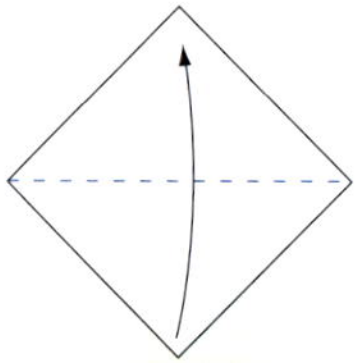

しろいめんをおもてにしておき、さんかくにおる

2

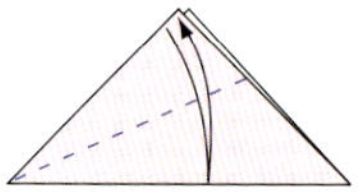

うえの1まいだけ、おりせんをつけて、もどす

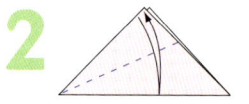

3

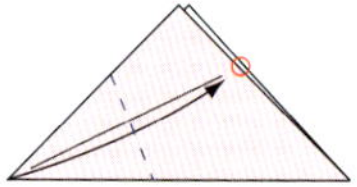

2でつけた、おりせんのはしにあわせておる

4

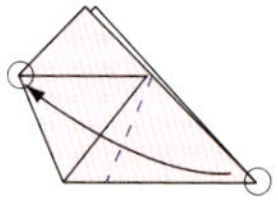

○と○のかどをあわせて、おる

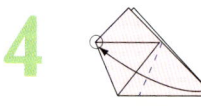

5

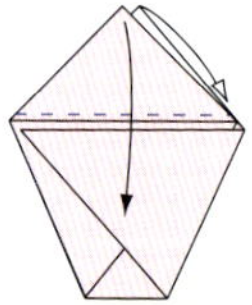

うえの1まいを、おりさげ、もう1まいは、うらがわへおる

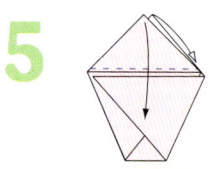

6

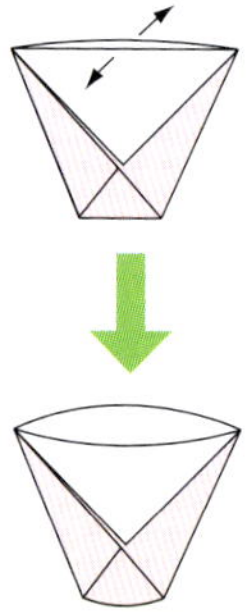

ひろげて、コップのかたちにととのえて、できあがり

さら

4かいおるだけで、できあがるおさらです。おかしをのせて、さぁ、めしあがれ。わしやちよがみなどをつかうと、おもてなしにもつかえそうです。

1

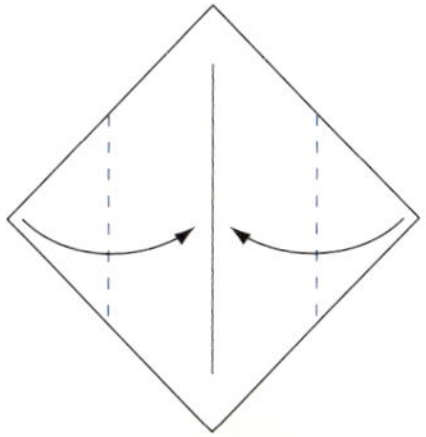

しろいめんのちゅうしんにせんをつけて、かどをちゅうしんにむけておる

2

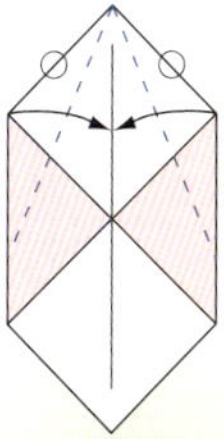

○のへんを、ちゅうしんにあわせておる

3

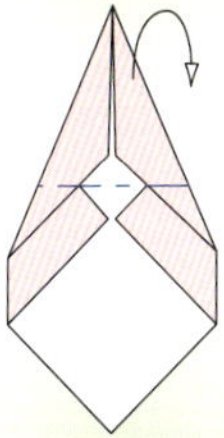

うえのかどをうらがわにおる

4

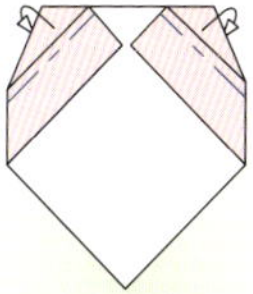

かどをうらがわにおる

5

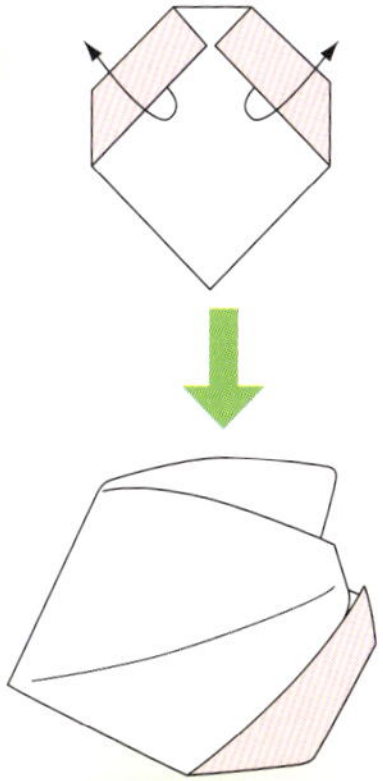

フチをひらいて、できあがり

はねつきはこ

うえに2まい、したに2まいのはねがついたはこです。**3**、**4**は、すこしむずかしいかもしれませんが、ていねいにおってください。

1

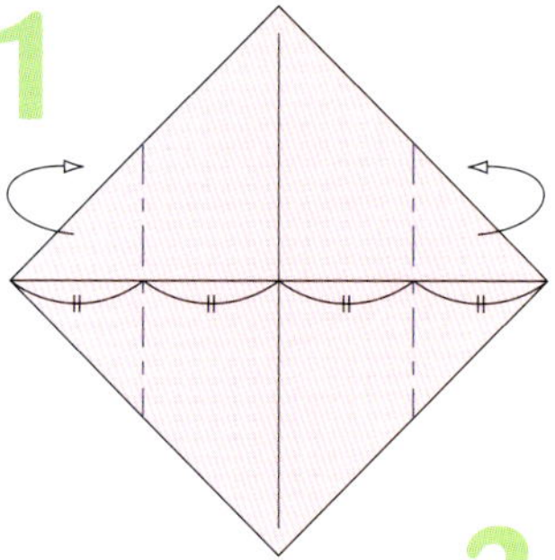

いろのついためんをおもてにしておき、りょうはしをちゅうしんにむけて、うらがわにおる

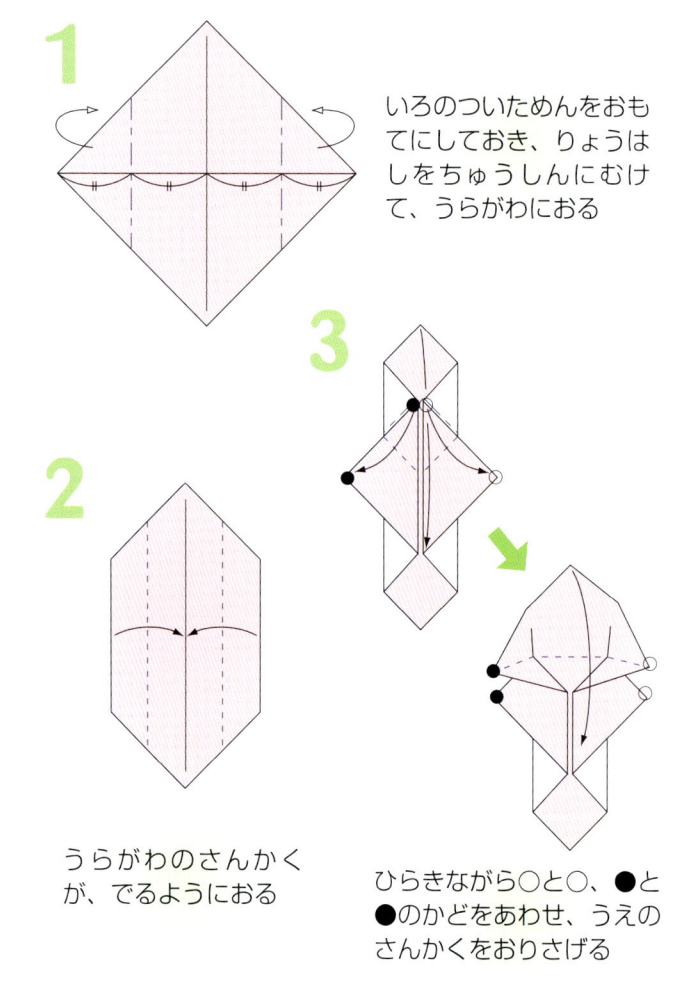

2

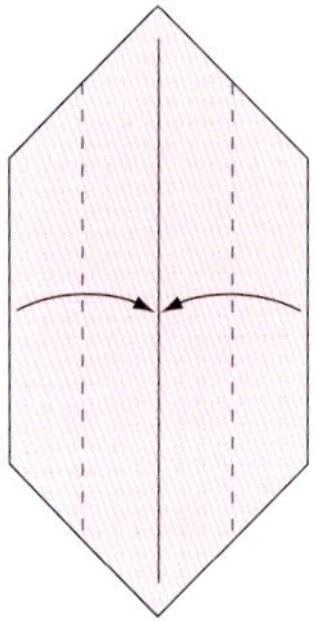

うらがわのさんかくが、でるようにおる

3

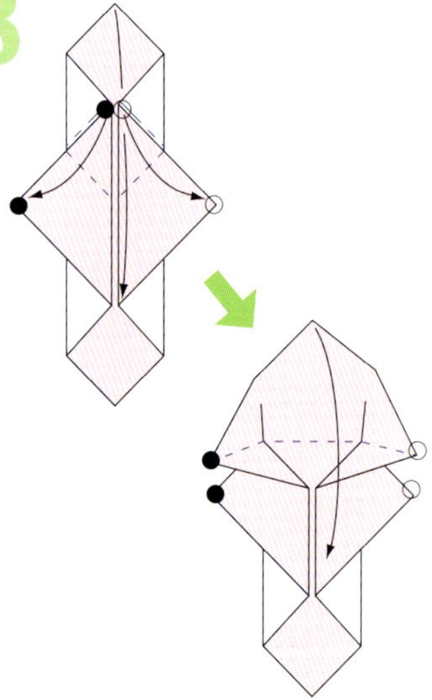

ひらきながら○と○、●と●のかどをあわせ、うえのさんかくをおりさげる

4

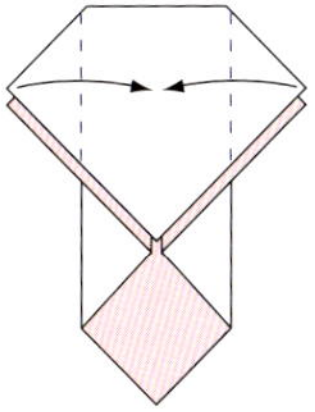

うえのぶぶんだけおる

5

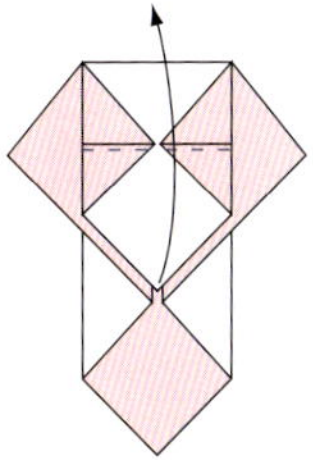

おりあげる

6

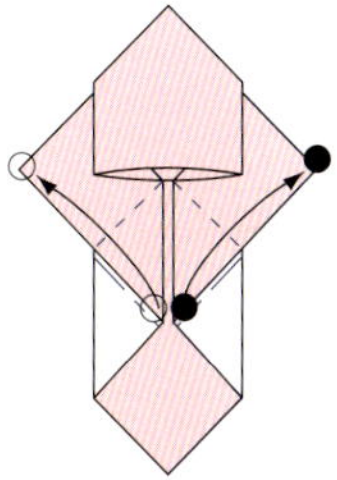

はんたいがわも、3とおなじように、かどをあわせ、ひらきながらおる

7

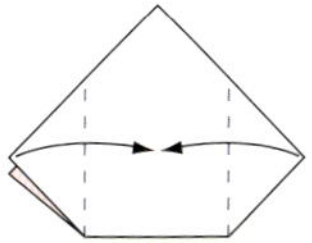

うえのぶぶんだけおる

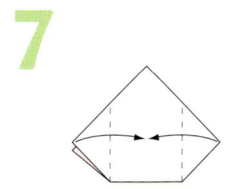

8

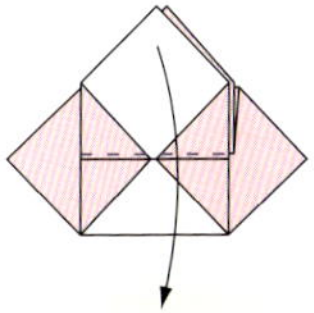

うえのぶぶんだけ、おりさげる

9

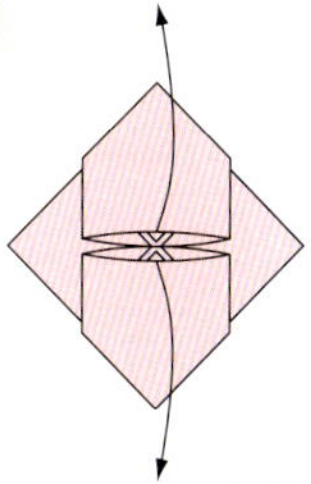

ひらいて、かたちをととのえて、できあがり

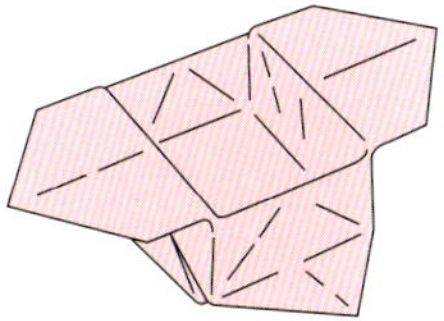

ながいはこ

おりせんをつけて、ひろげるだけでできあがる、かんたんなさくひんです。かわいいもようのかみでおって、すてきなはこをつくりましょう。

せいほうけいをはんぶんにしたかみをつかう

1

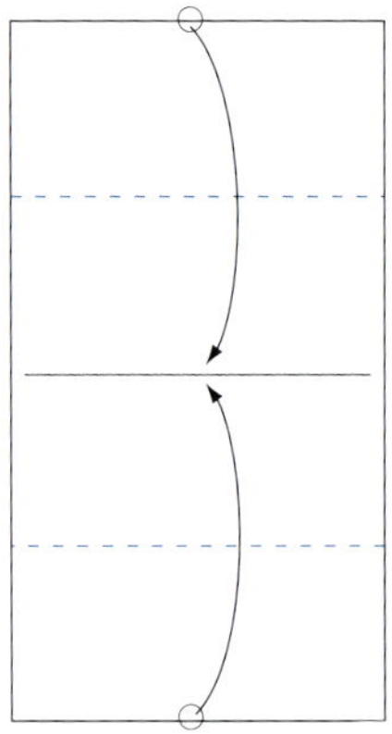

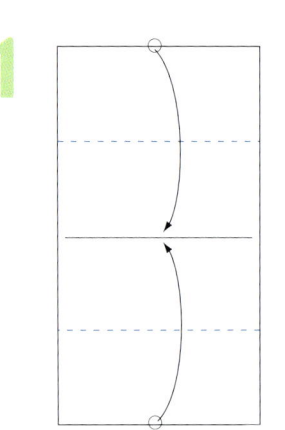

しろいめんのちゅうしんにせんをつけ、○がちゅうしんであうようにおる

2

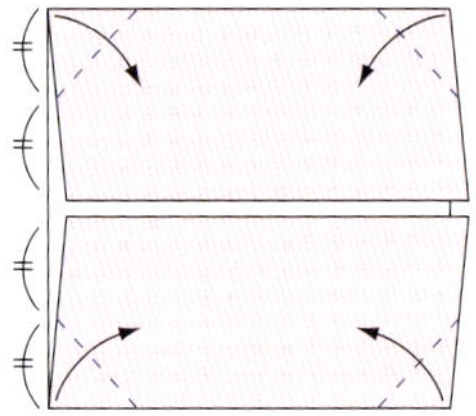

4つのかどをそれぞれ、1／4のところをおる

3

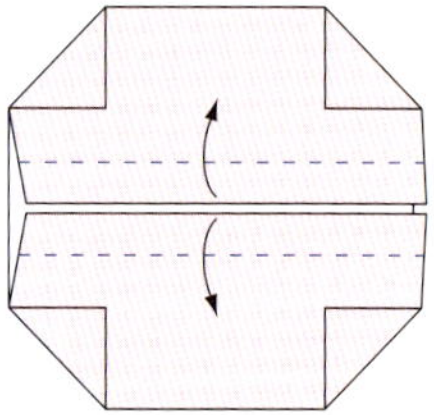

ひらくようにおる

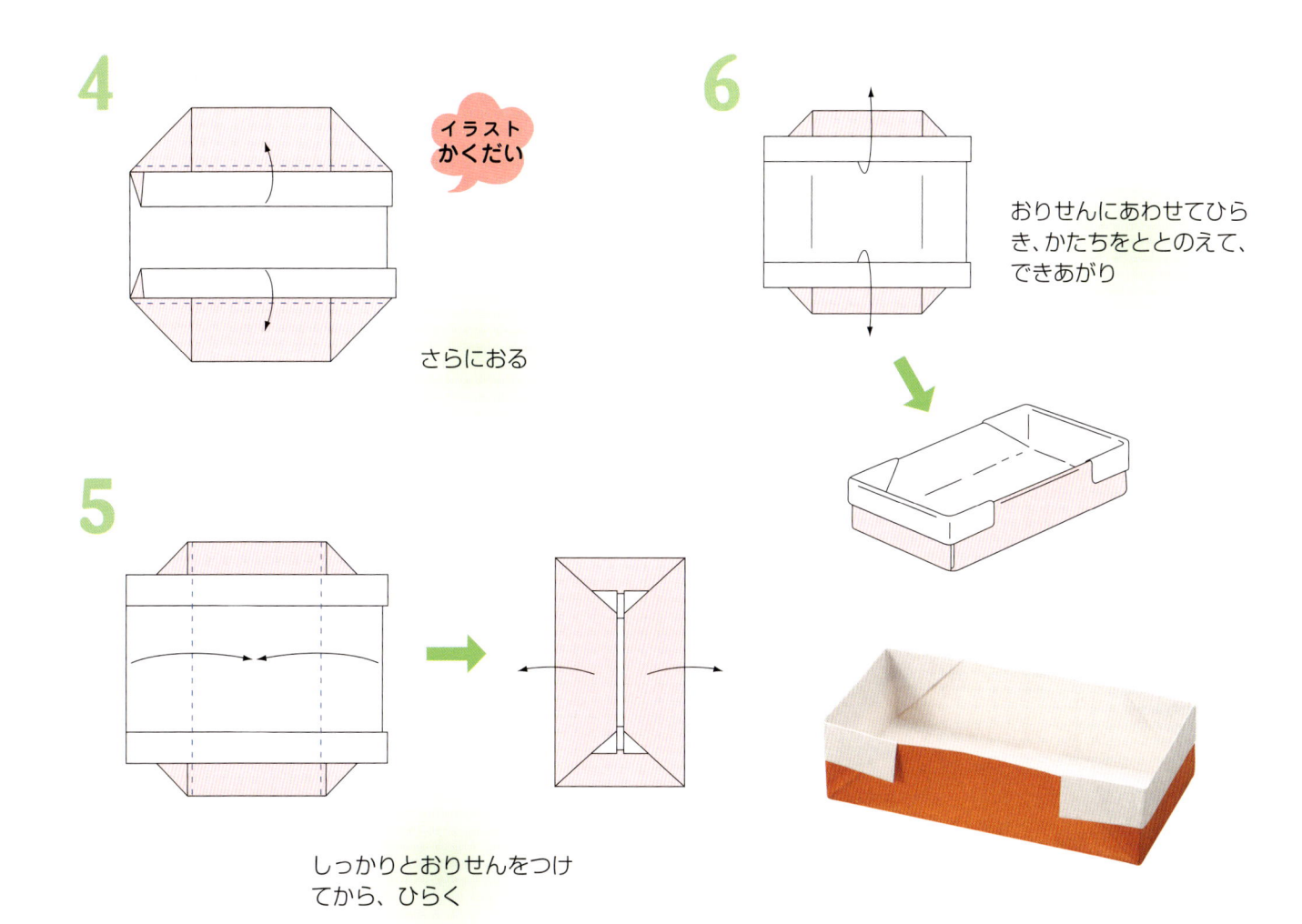

4

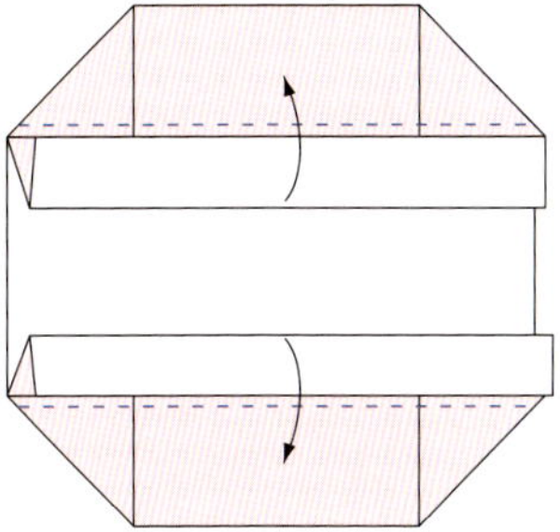

イラストかくだい

さらにおる

5

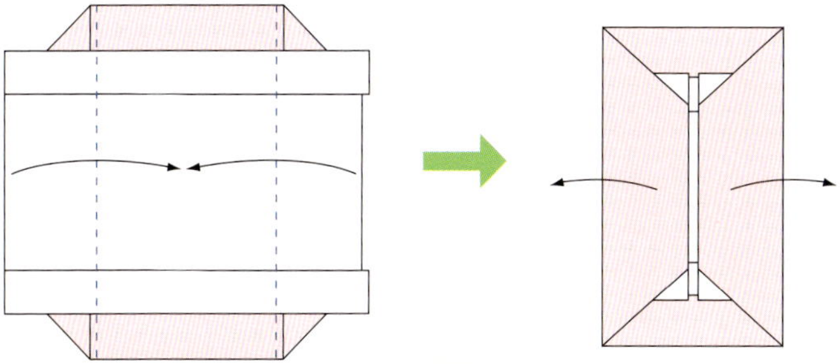

しっかりとおりせんをつけてから、ひらく

6

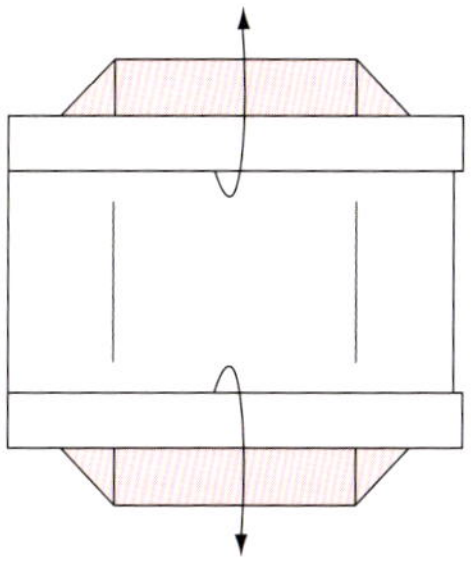

おりせんにあわせてひらき、かたちをととのえて、できあがり

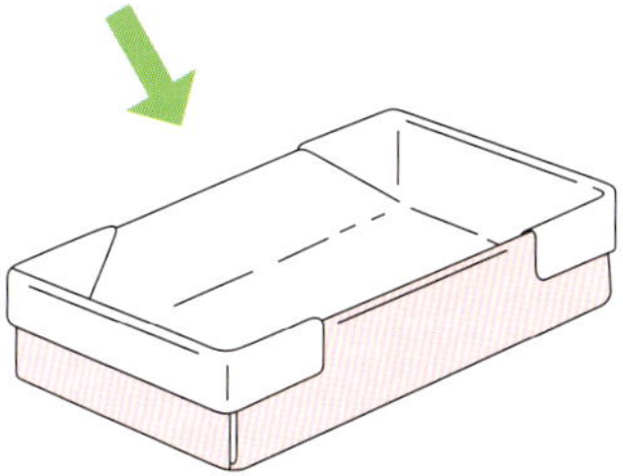

ちりとり

とってのついたちりとりは、つくえのうえのおそうじにやくだちます。ぶんぼうぐをいれる、いれものにしてもいいでしょう。

1

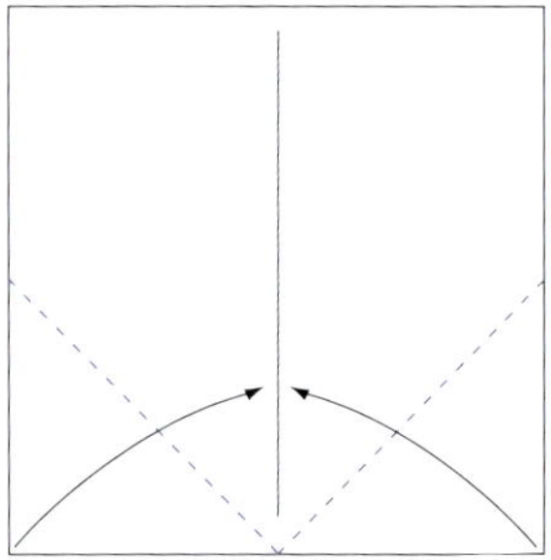

しろいめんのちゅうしんに、せんをつけてから、したのかどをおる

2

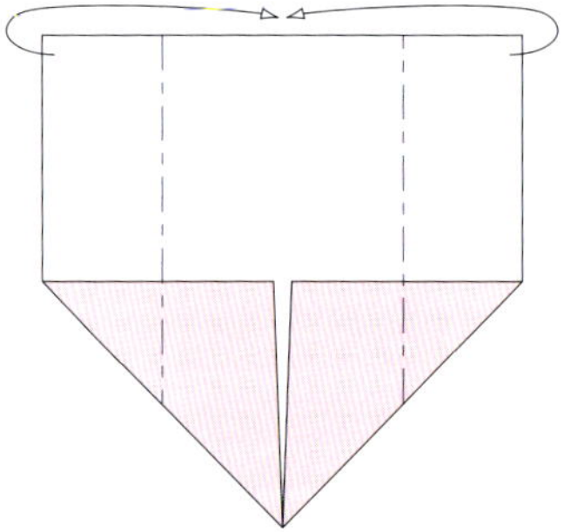

うらがわへおる

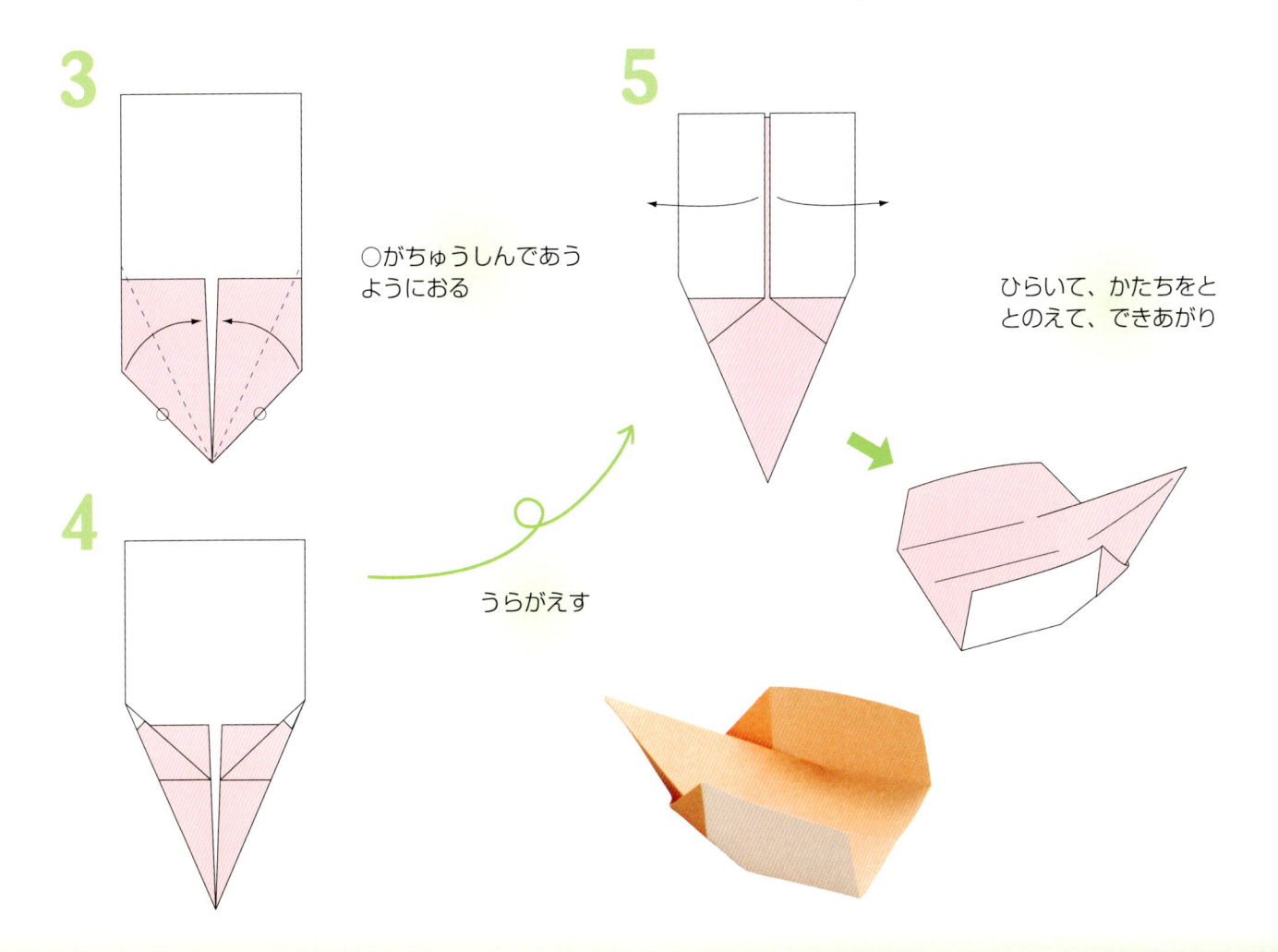

3

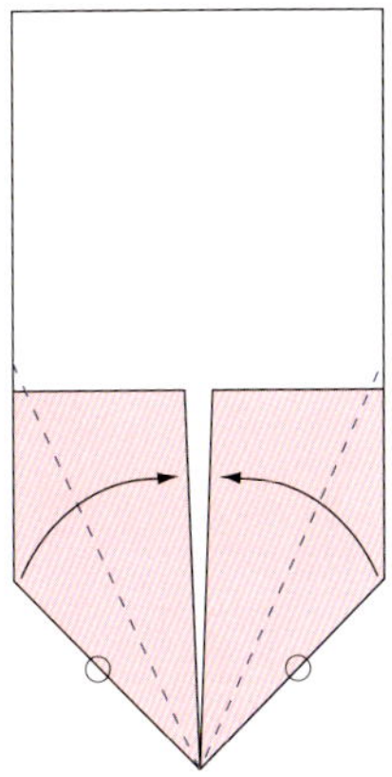

○がちゅうしんであう
ようにおる

4

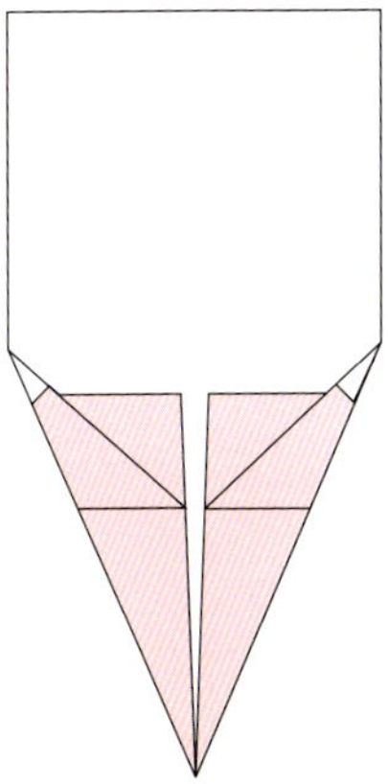

うらがえす

5

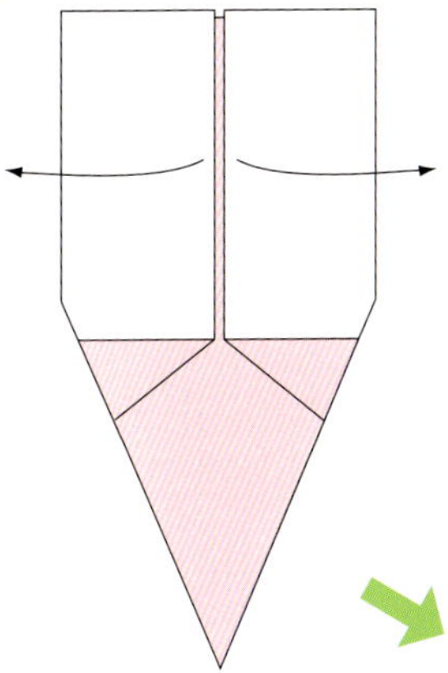

ひらいて、かたちをと
とのえて、できあがり

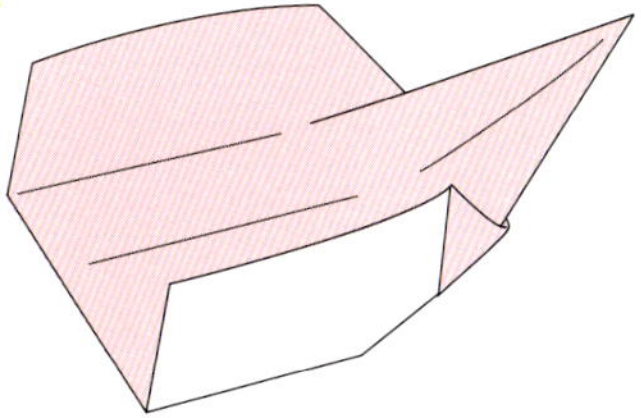

このはのかしざら

きのはっぱのような、おかしざらです。5のじゃばらおりは、おりにくいかもしれませんが、ていねいにおりましょう。

1

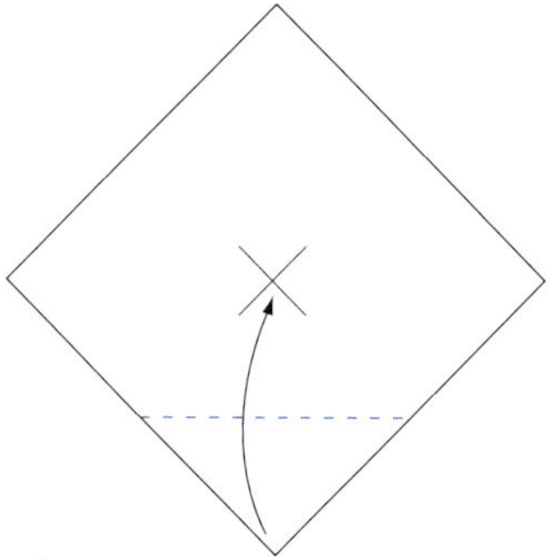

しろいめんをおもてにしておき、したのかどがかみのちゅうしんにくるようにおる

2

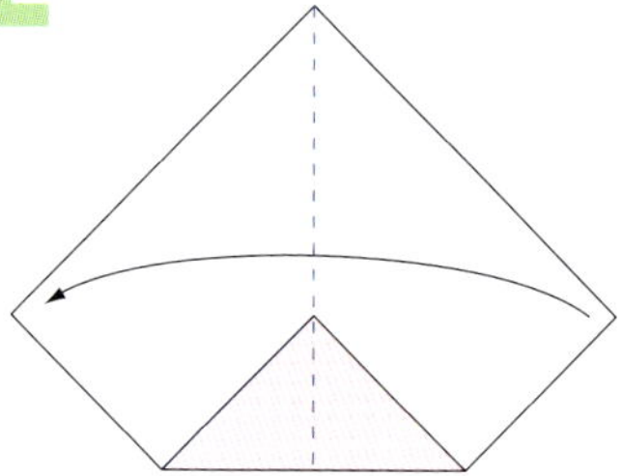

はんぶんにおる

3

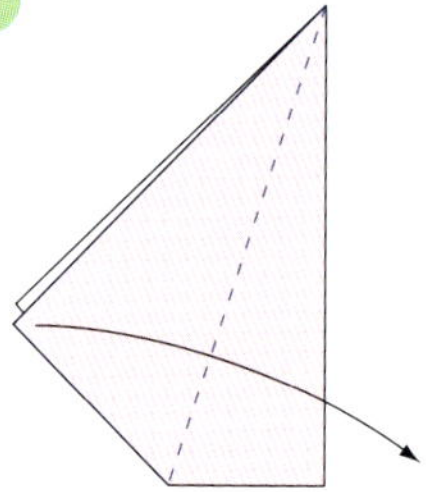

2まいいっしょにおる

4

イラストかくだい

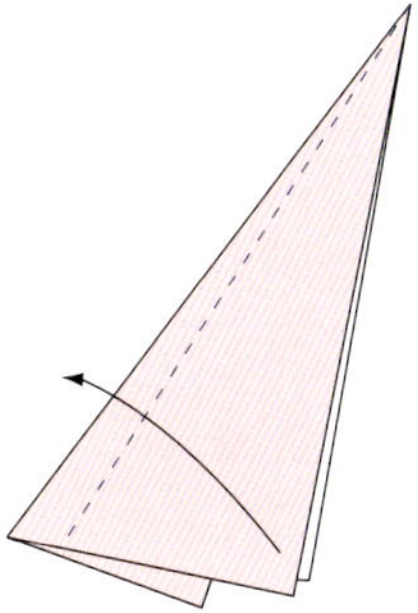

2まいいっしょにおりかえす

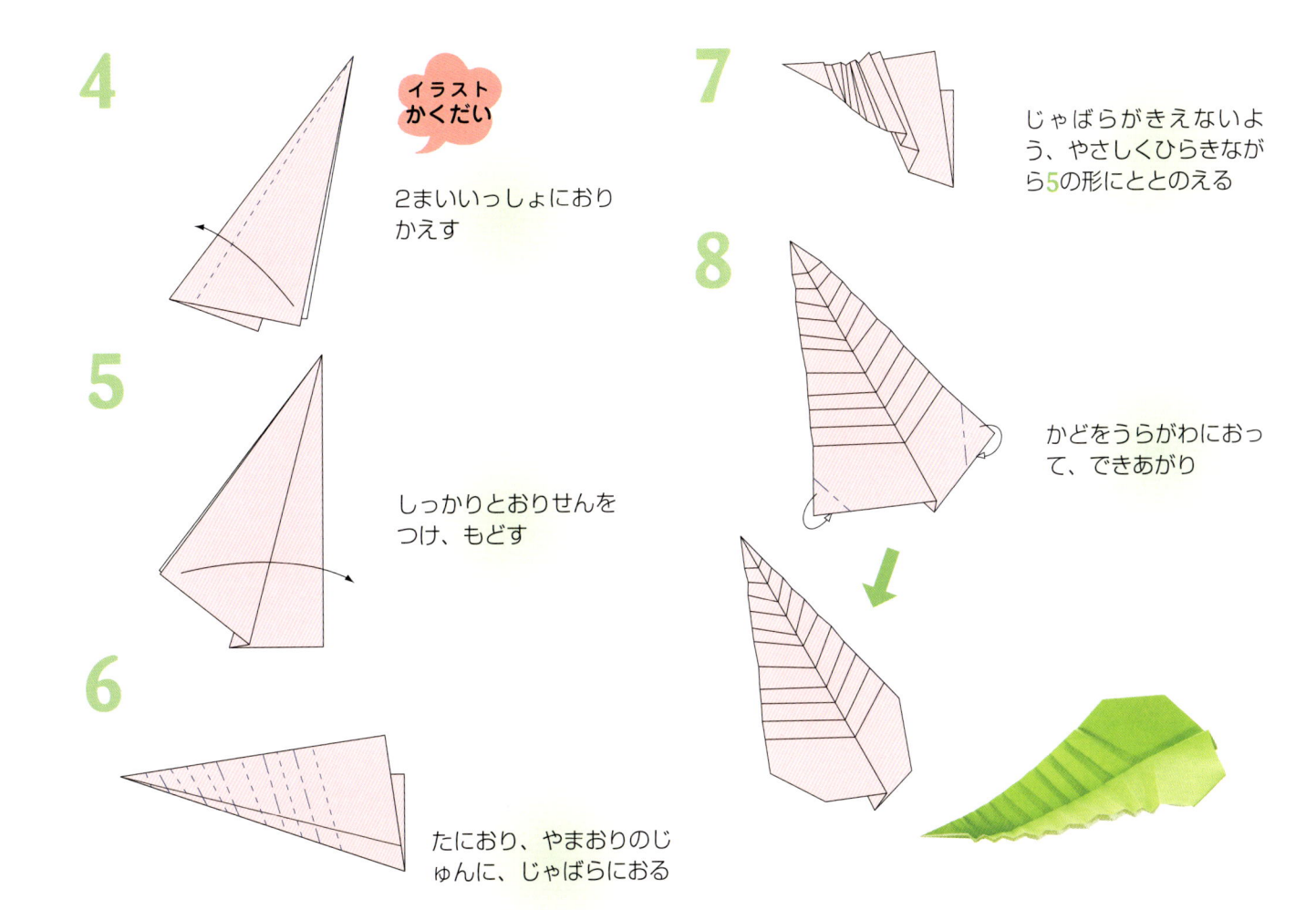

5

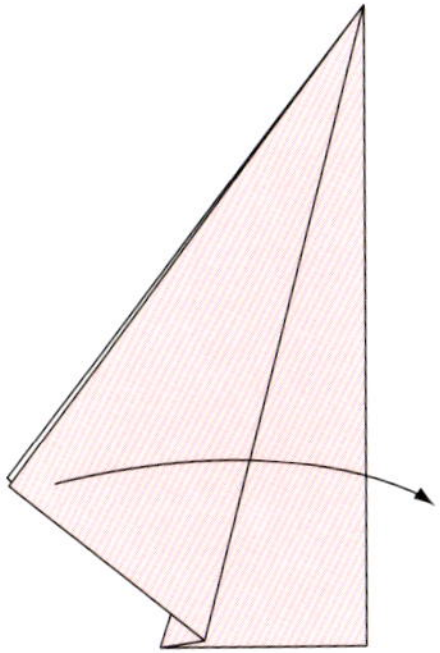

しっかりとおりせんをつけ、もどす

6

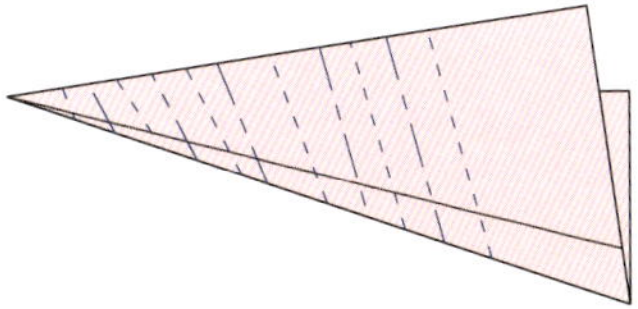

たにおり、やまおりのじゅんに、じゃばらにおる

7

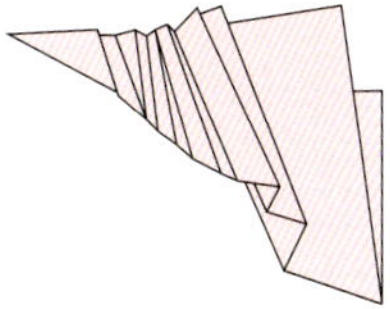

じゃばらがきえないよう、やさしくひらきながら5の形にととのえる

8

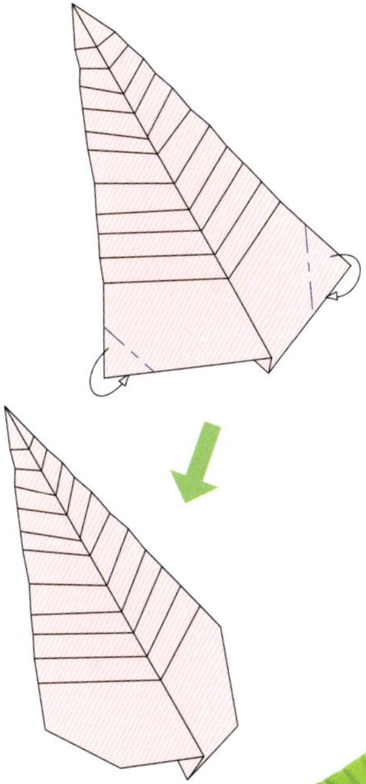

かどをうらがわにおって、できあがり

こざら

ころんとした、かわいいこざら。5と6は、おりがみとおりがみのあいだに、さしこみます。おりせんをつけてからさしこむと、かんたんです。

1

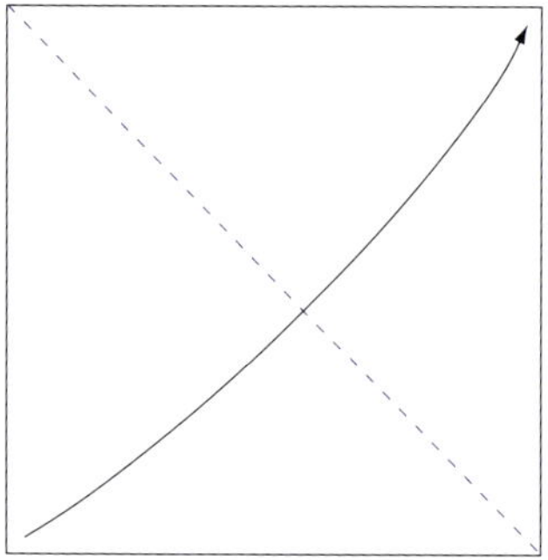

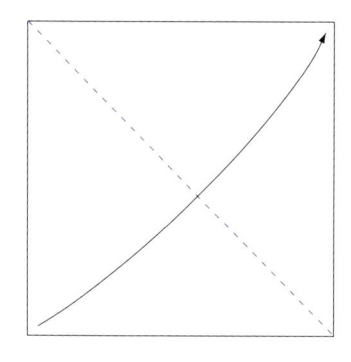

しろいめんをおもてにしておき、さんかくにおる

2

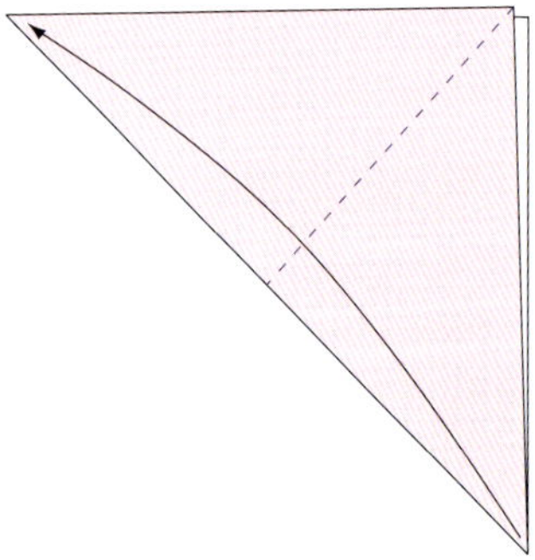

さらに、さんかくにおる

3

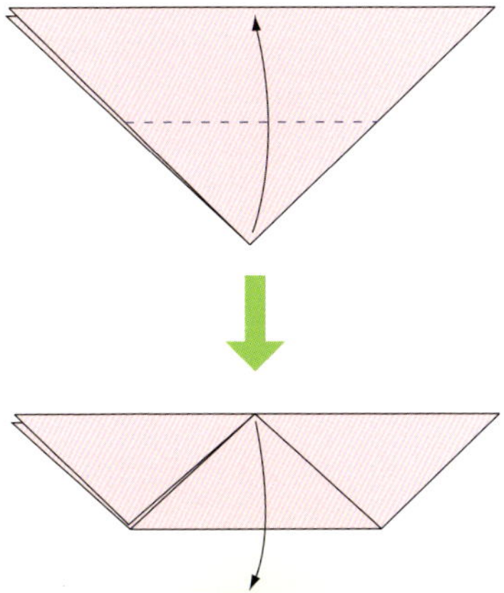

おりせんをしっかりつけて、もどす

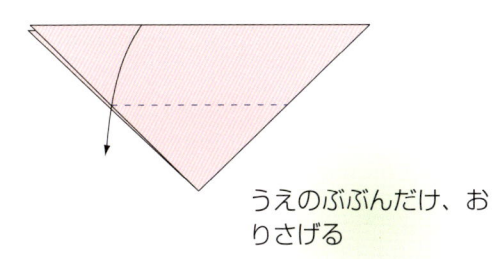

4

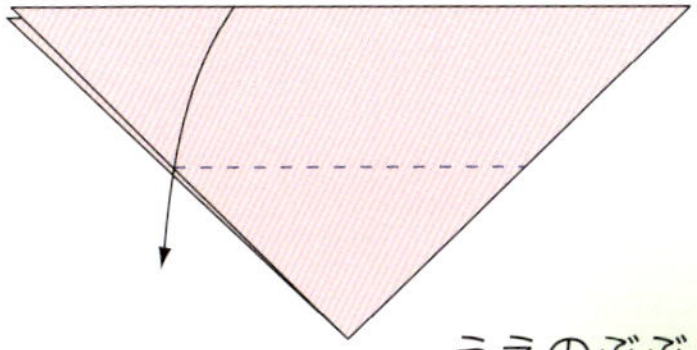

うえのぶぶんだけ、おりさげる

5

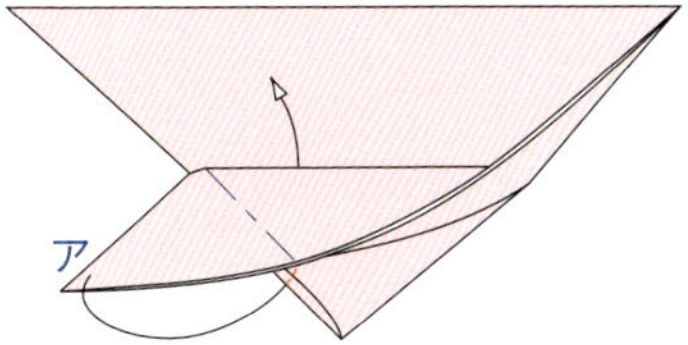

うらがわにおり、アをやじるしのほうこうにさしこむ

6

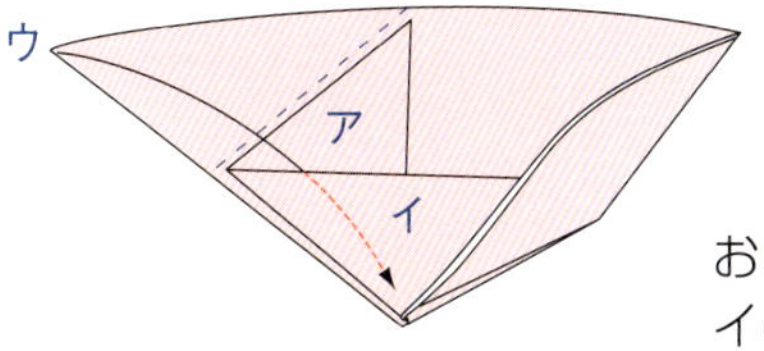

おりせんをつけ、ウをアとイのあいだにさしこんで、できあがり

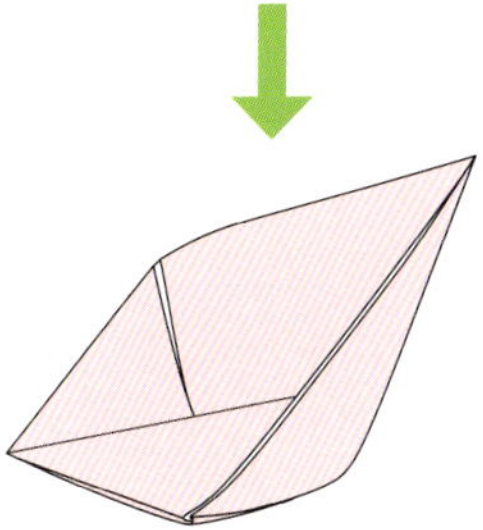

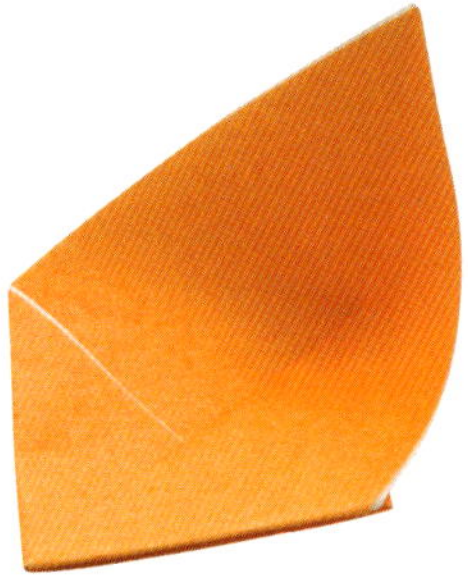

はなつみかご

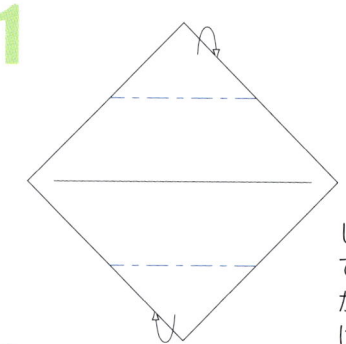

かごいっぱいに、おはなをいれて、かざりましょう。
とってのぶぶんは、とれないように、しっかりとめましょう。

1

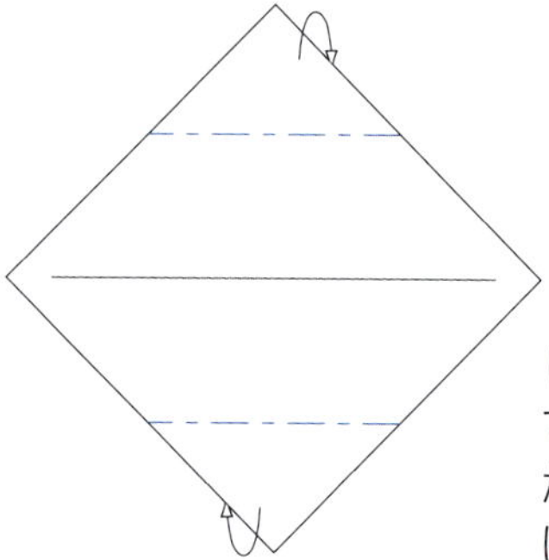

しろいめんをうえにしておき、うえとしたのかどをちゅうしんにむけて、うらがわにおる

2

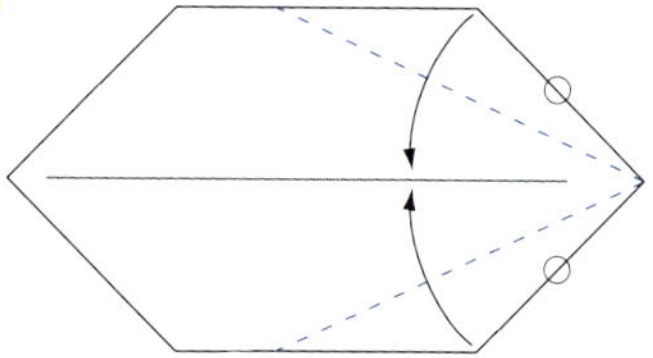

○がちゅうしんであうようにおる

3

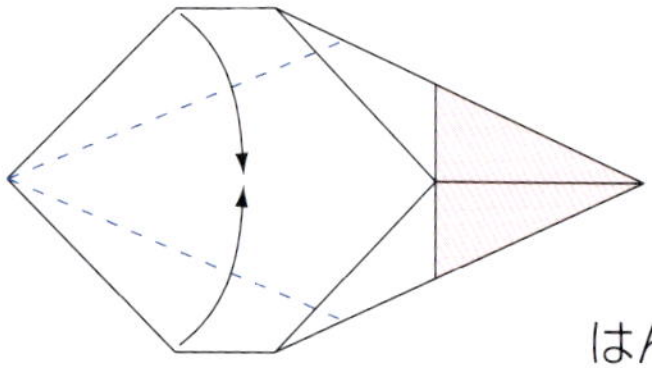

はんたいがわも、おなじようにおる

4

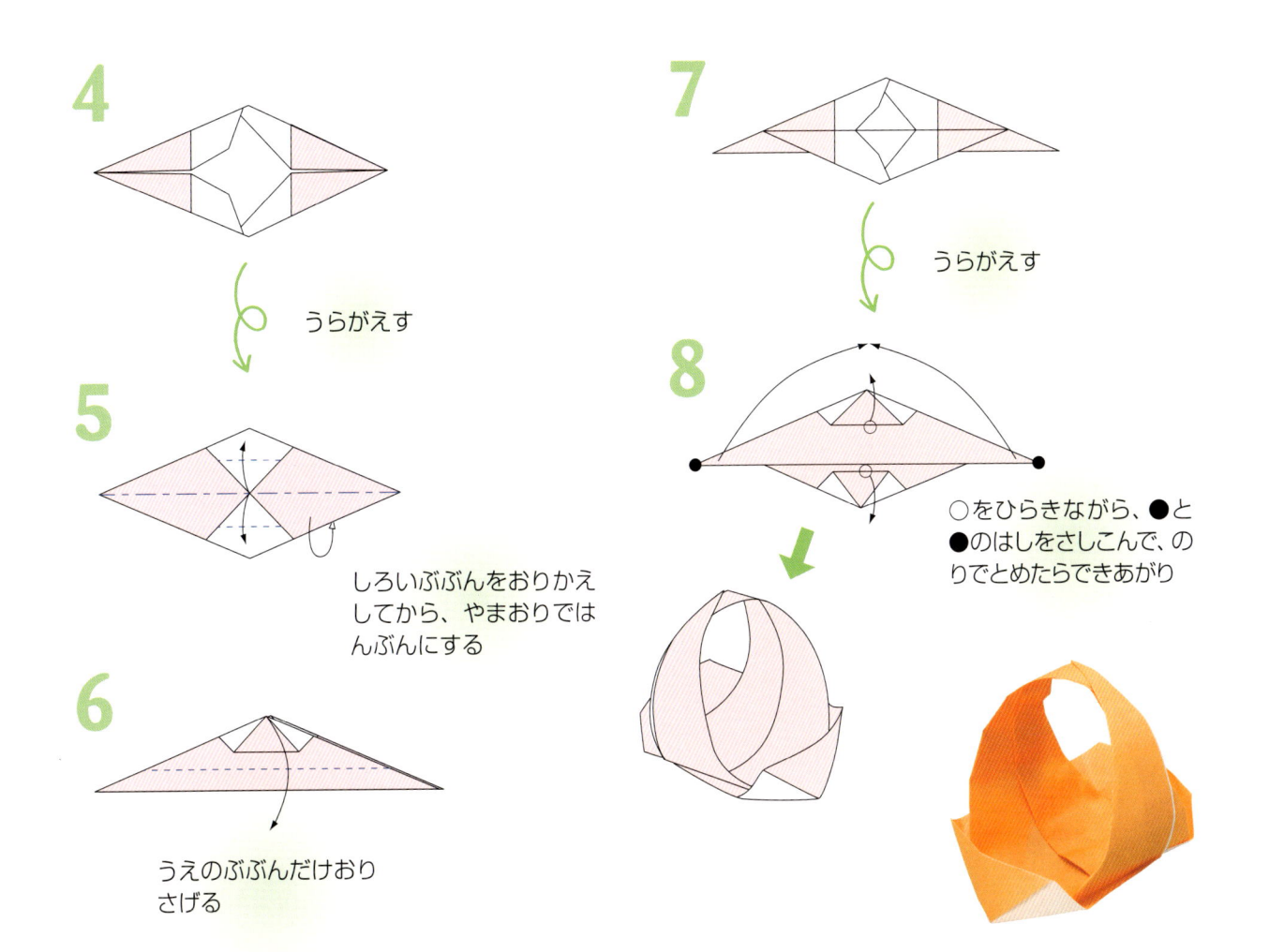

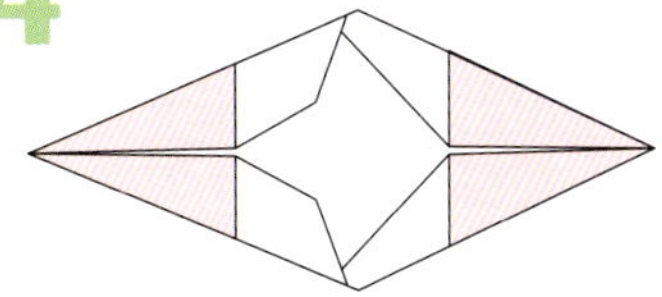

うらがえす

5

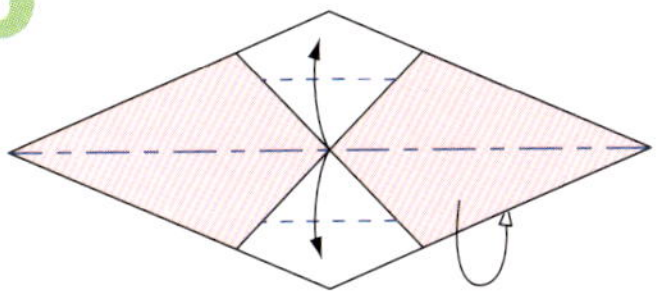

しろいぶぶんをおりかえ
してから、やまおりでは
んぶんにする

6

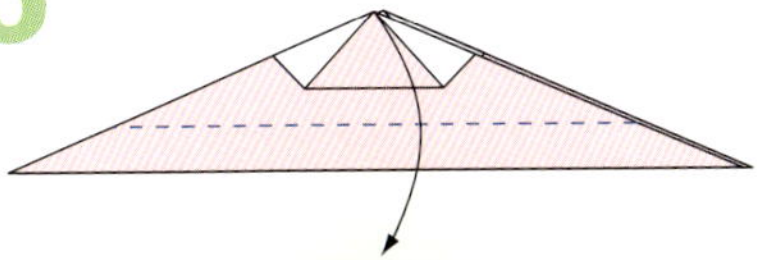

うえのぶぶんだけおり
さげる

7

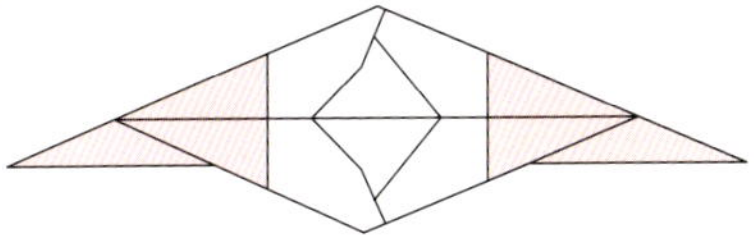

うらがえす

8

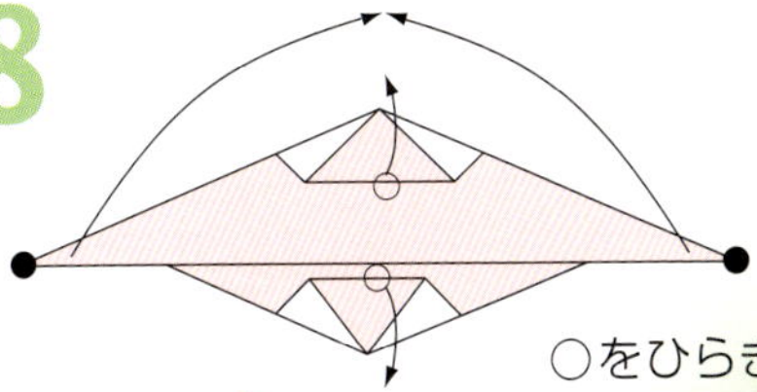

○をひらきながら、●と
●のはしをさしこんで、の
りでとめたらできあがり

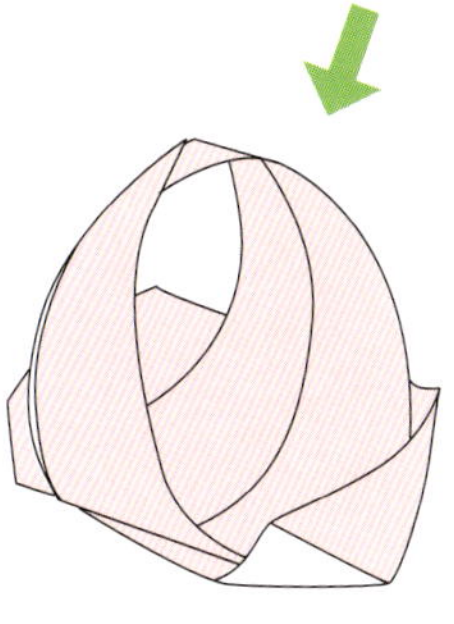

ふたつきのはこ

たからものいれにぴったりの、ふたつきのはこ。すこしむずかしいけれど、ちょうせんしてみましょう。はこと、ふたのいろをかえてもいいでしょう。

1

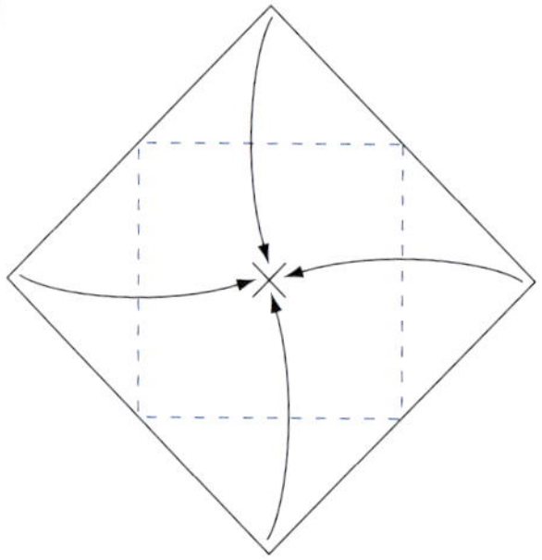

しろいめんのちゅうしんにむけて、4つのかどをおる

2

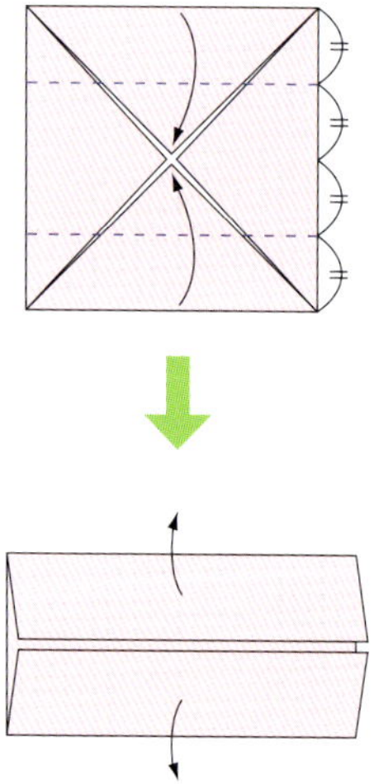

はしから1／4のところにおりせんをつけ、ひらく

3

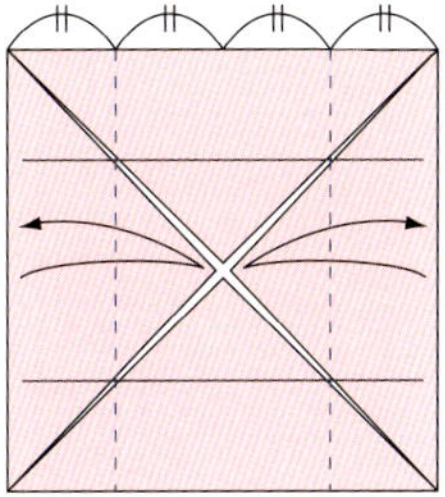

おなじようにたてにおり、ひらく

4

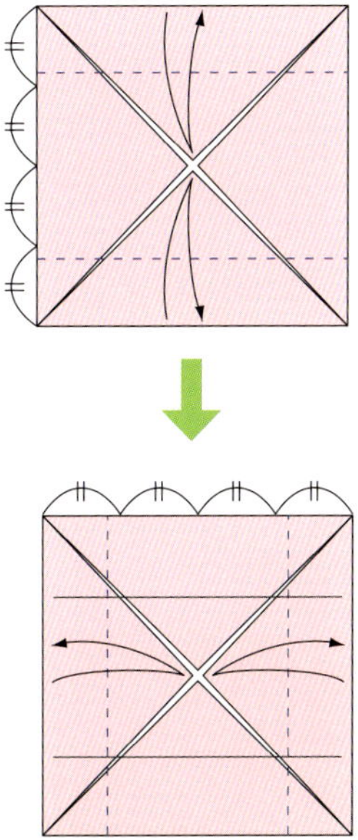

べつのおりがみで、1までははおなじように、2、3は1／4よりすこしほそくおる

(5〜8は2つともおなじにおる)

5

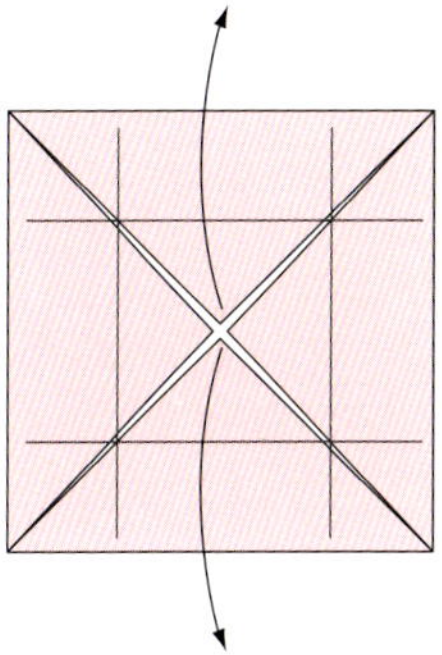

うえとしただけひらく

6

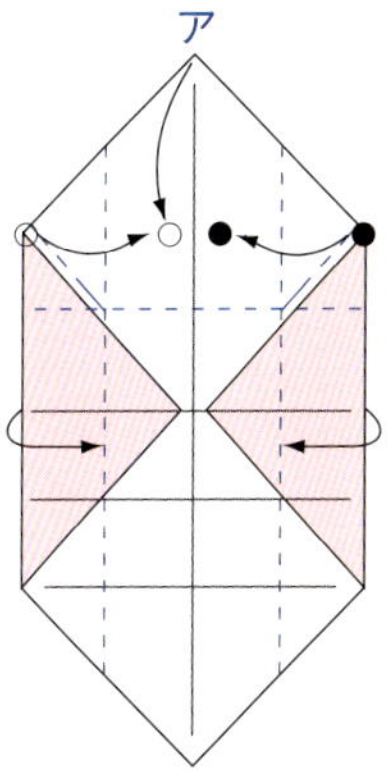

○と○、●と●をあわせており、アをたてる

7

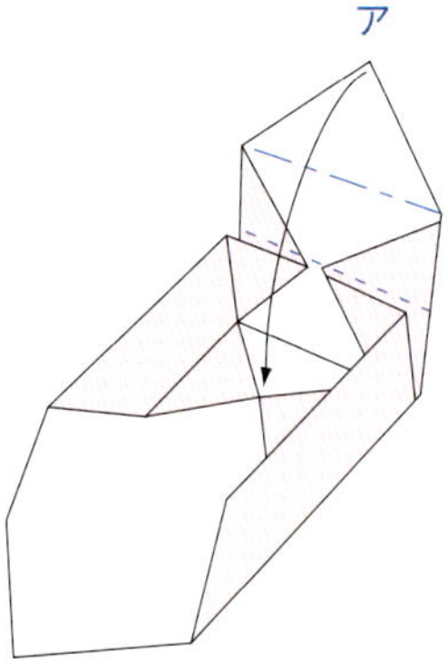

やじるしのほうこうに、
たにおり、やまおりする

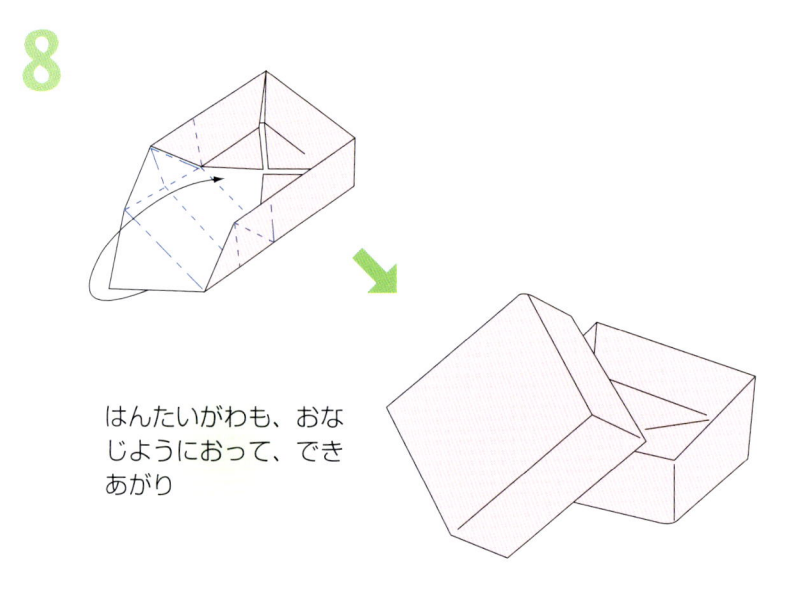

8

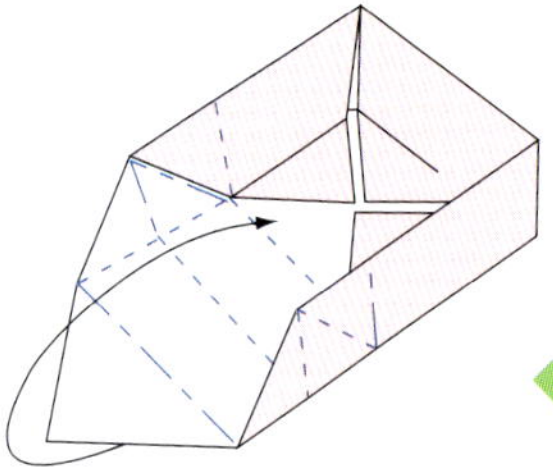

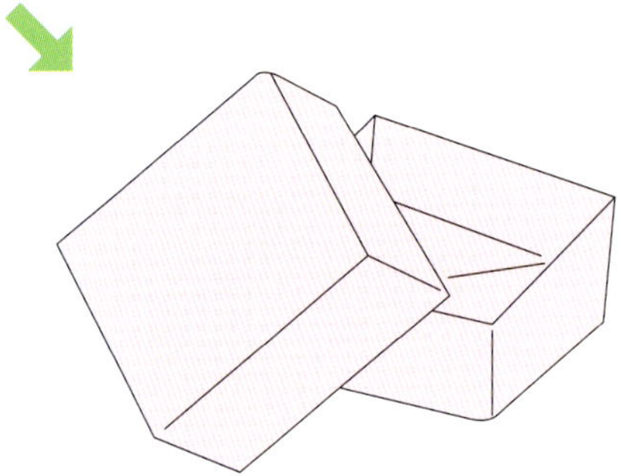

はんたいがわも、おな
じようにおって、でき
あがり

おもちゃ

おみせ

いろんなおみせをつくって、おみせやさんごっこをしましょう。てっぺんをおるなど、やねのかたちをくふうしてみるのもいいでしょう。

やねのおりかた

1

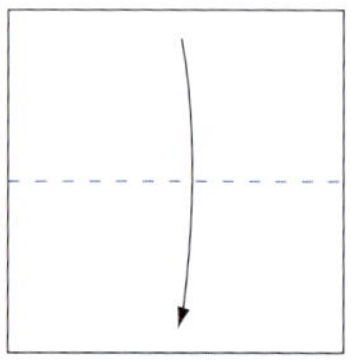

しろいめんを、うえにしておる

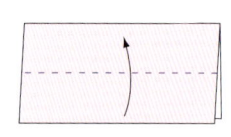

2

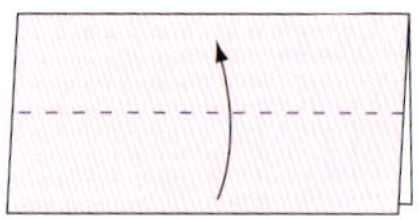

2まいいっしょにおる

3

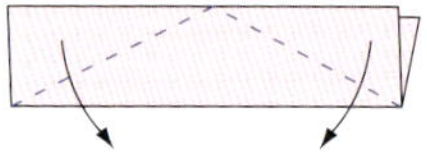

2でおった2まいを、おりさげる

4

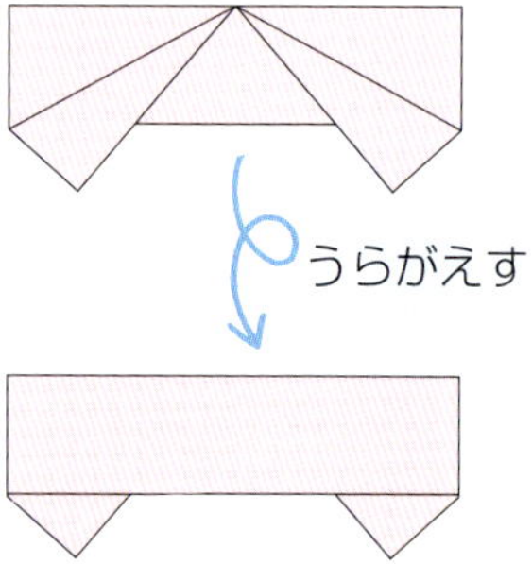

5

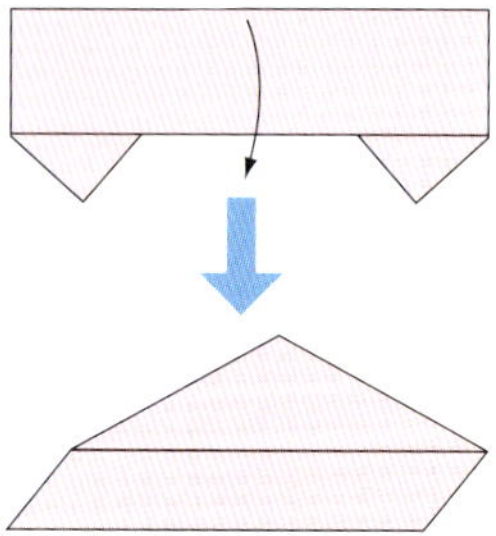

しかくいぶぶんをさげて、やねのできあがり

うりばのおりかた

1

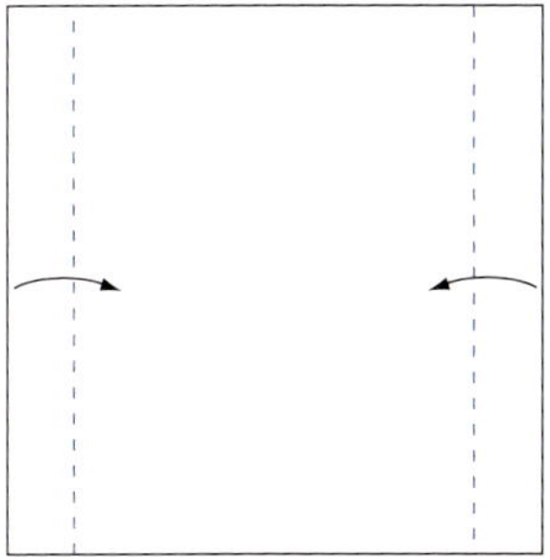

みぎとひだりの
はしをおる

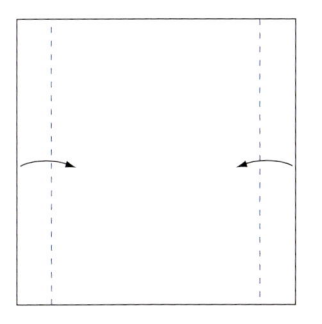

2

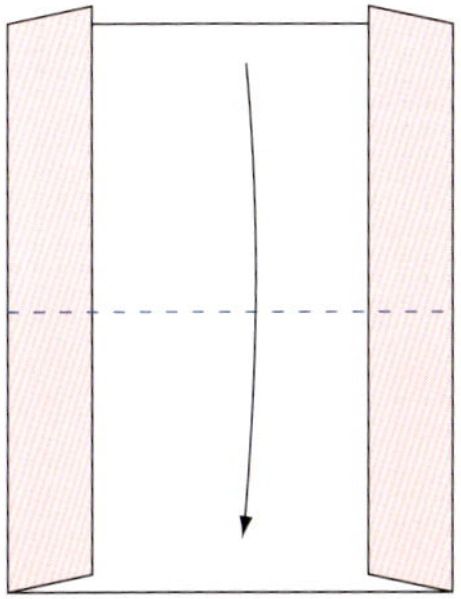

はんぶんにおる

3

うりばのえをかく

4

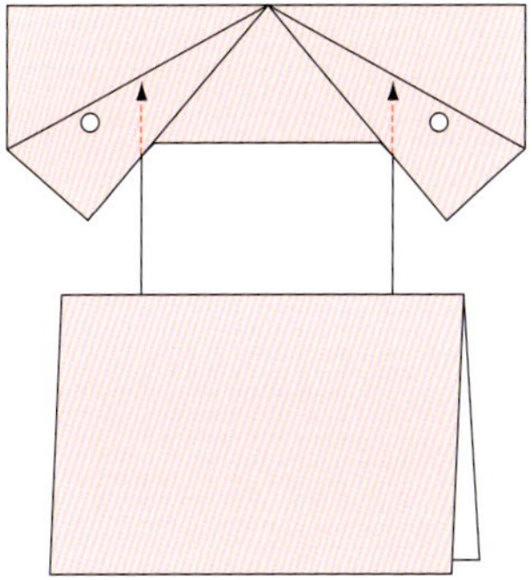

○のしたにさしこみ、
のりでとめて、やねと
うりばをくっつける

うらがえして
できあがり

へそひこうき

たてながのかみを、よういしてください。まんなかに、じゅうしん(へそ)があるので、よくとびます。いちばんながくとばせるのは、だれかな？

1

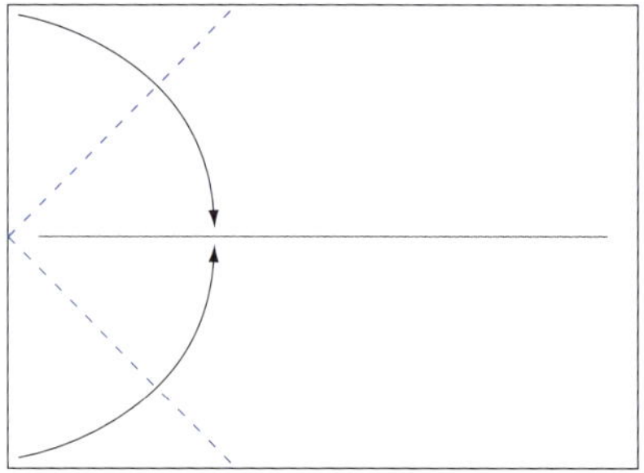

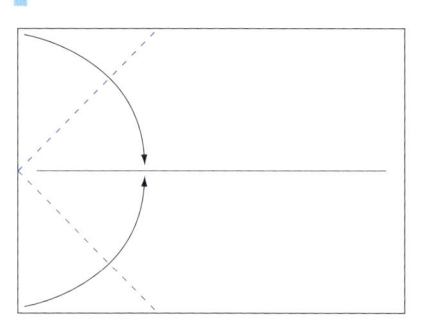

しろいめんのちゅうしんにおりせんをつけ、ひだりのりょうかどをあわせるようにおる

2

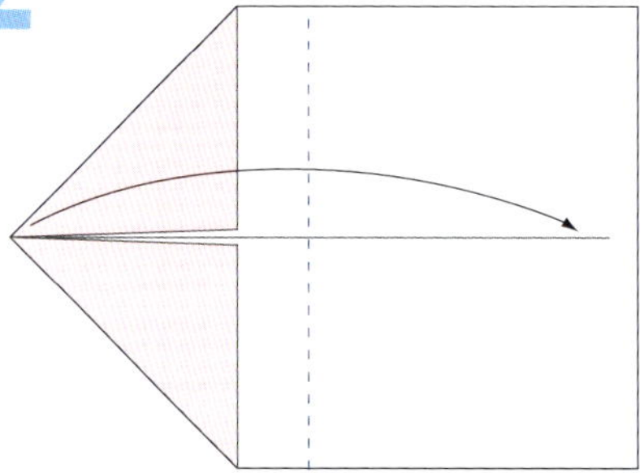

てんせんのところまでみぎにおる

3

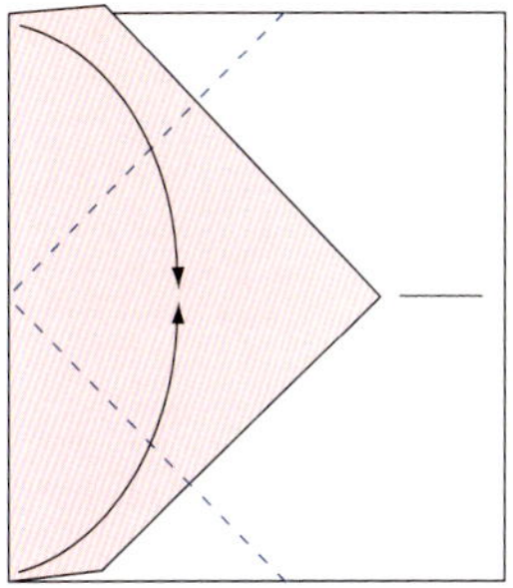

ひだりのりょうかどを、
ちゅうしんにむけておる

4

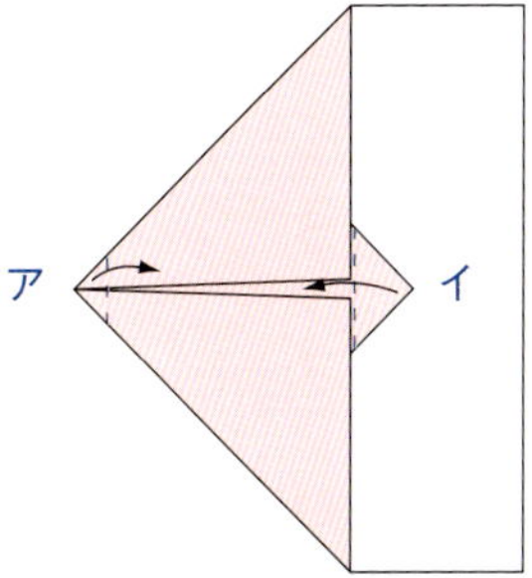

アとイのかどをおる

5

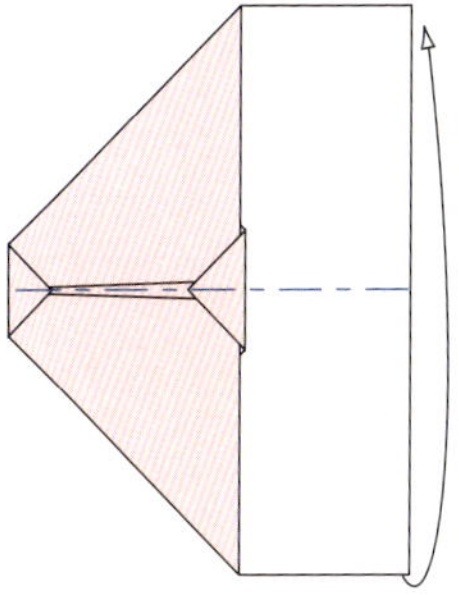

やまおりで、はんぶん
におる

6

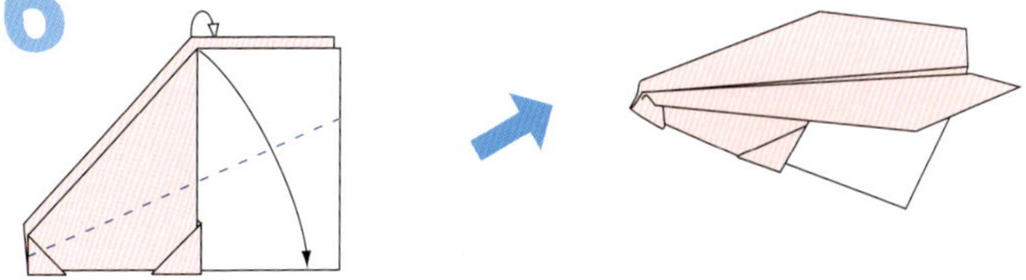

ななめにはねをおりさ
げて、できあがり

ボート

おりかたはむずかしくありませんが、6でうらがえすときは、ていねいに。やぶれないようにちゅういしてください。

1

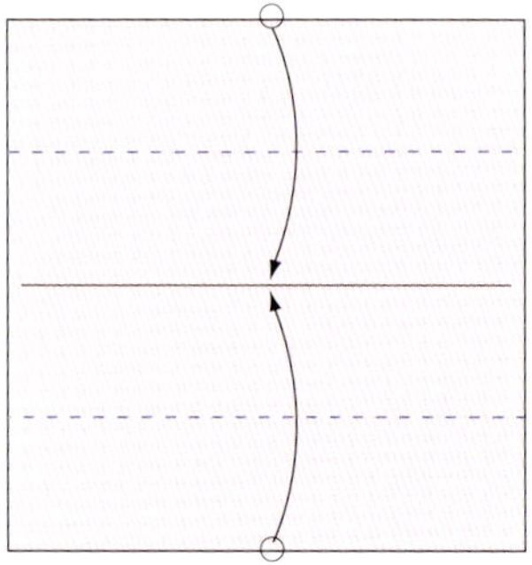

いろのついためんをおもてにしておき、○がちゅうしんであうようにおる

2

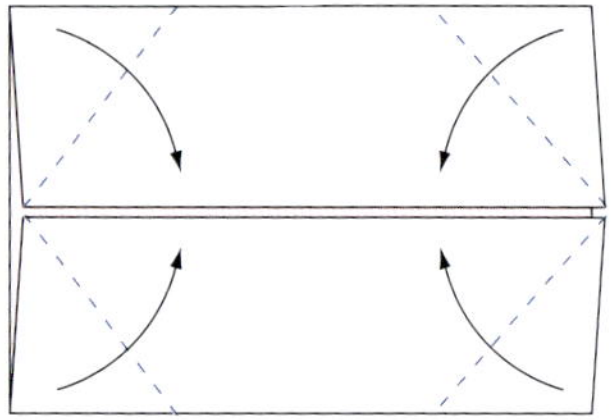

4つのかどをおる

3

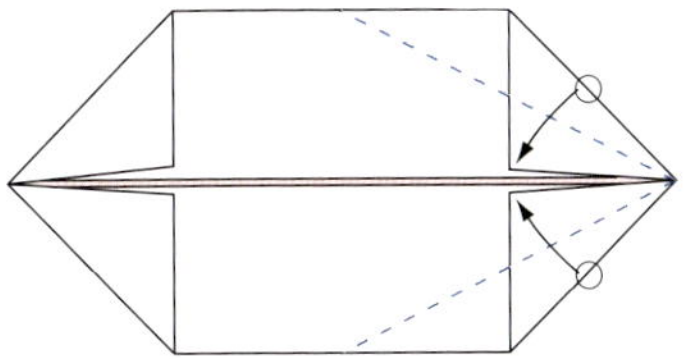

○がちゅうしんであう
ようにおる

4

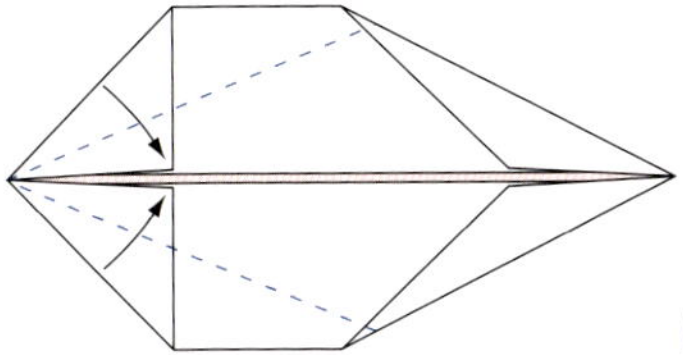

はんたいがわもおなじ
ようにおる

5

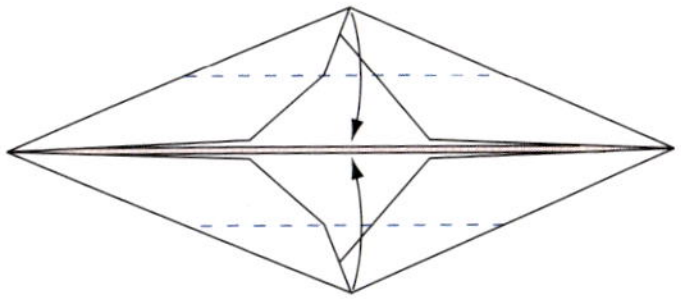

うえとしたのかどを、ち
ゅうしんにむけておる

6

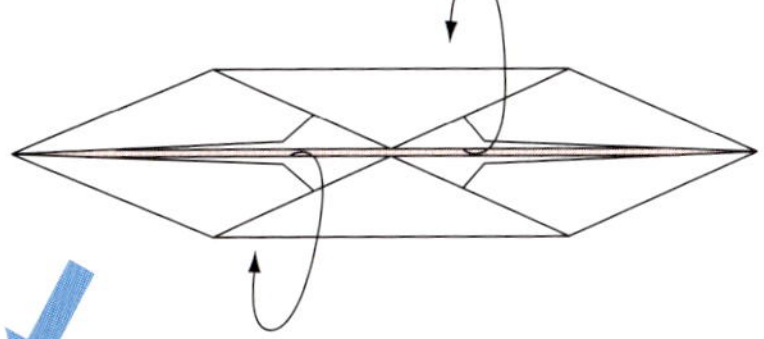

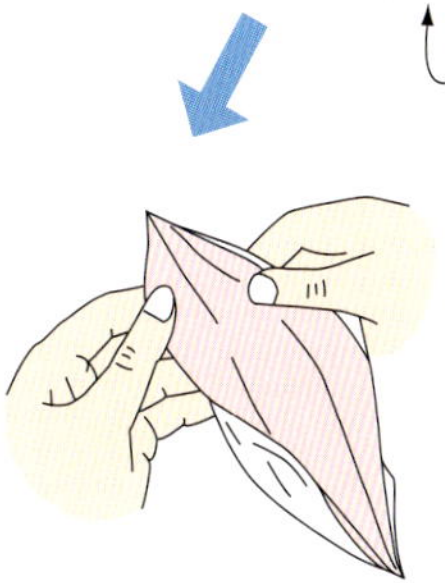

ひろげて、うらがえし
たら、できあがり

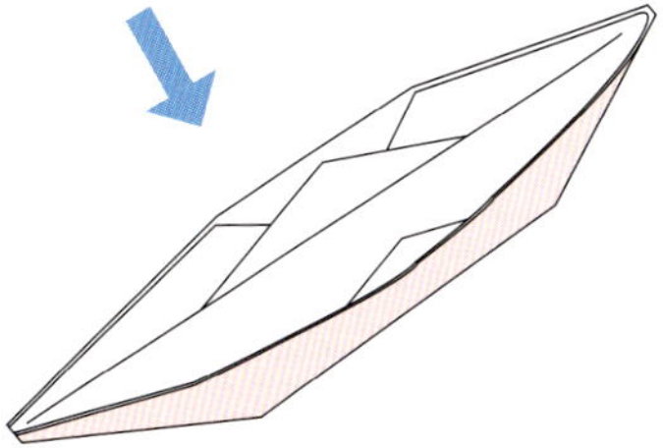

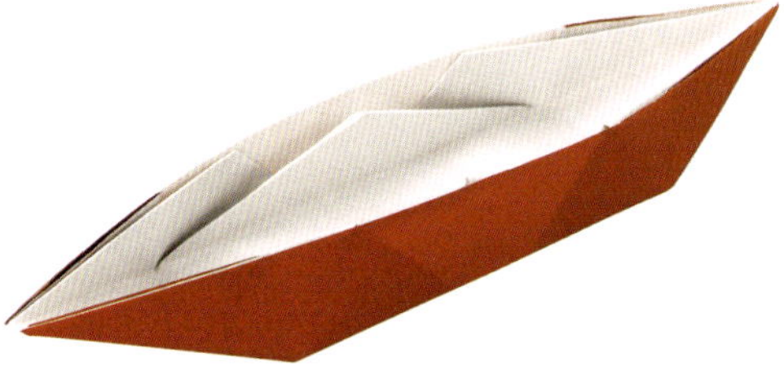

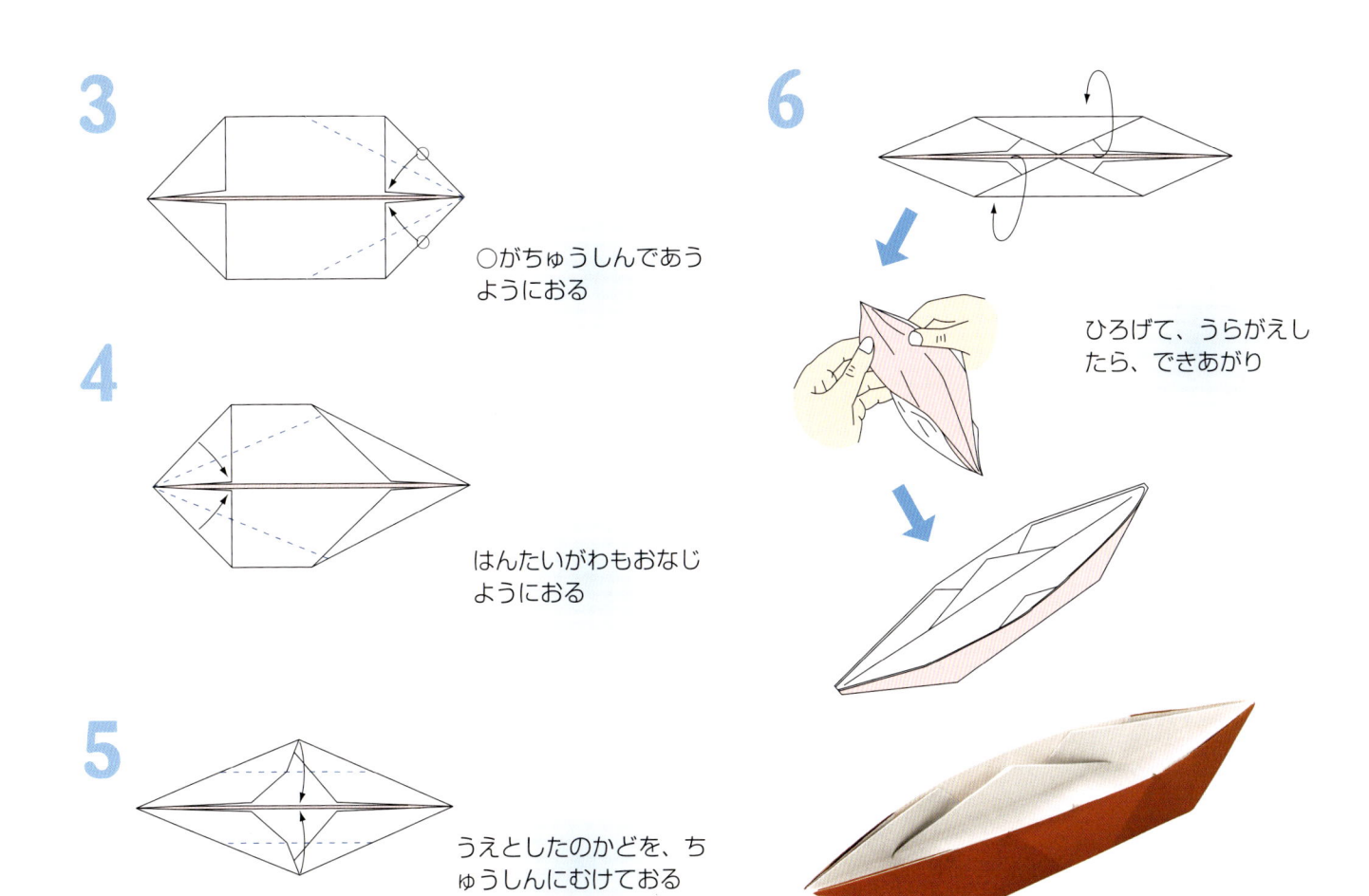

おうち

ちいさなおうちと、おおきなおやしき。ドアやまどをかきこんで、すてきなおうちをつくりましょう。やねのさんかくがきれいにでるよう、ちゅういして。

おうち1のおりかた

1

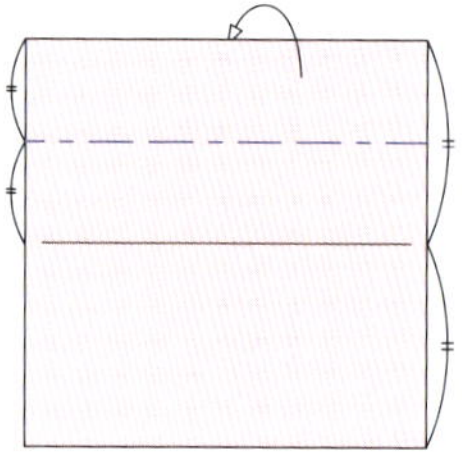

いろのついためんをおもてにしておき、うえ1／4のところをうらがわにおる

2

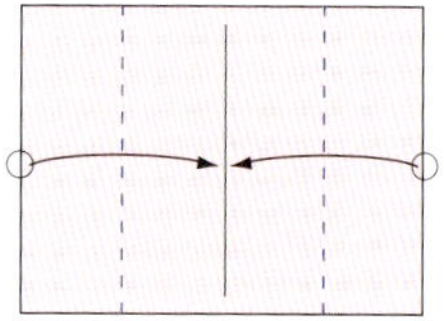

○がちゅうしんであうようにおる

3

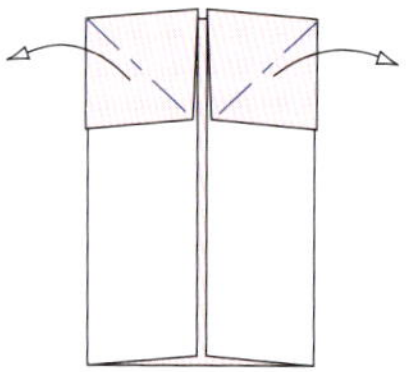

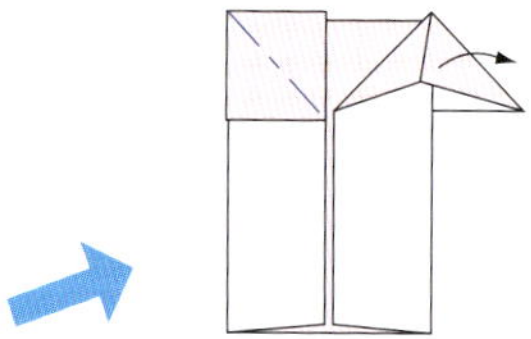

うえのぶぶんを、ひらいてつぶす

4

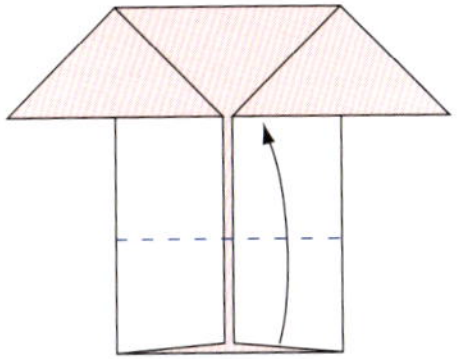

おりあげる

5

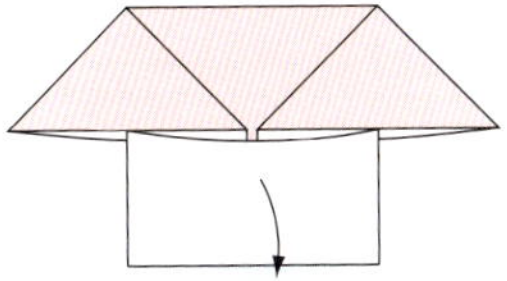

たつようにひらいて、
うらがえす

6

まどやドアをかいて、
できあがり

おうち2のおりかた

1

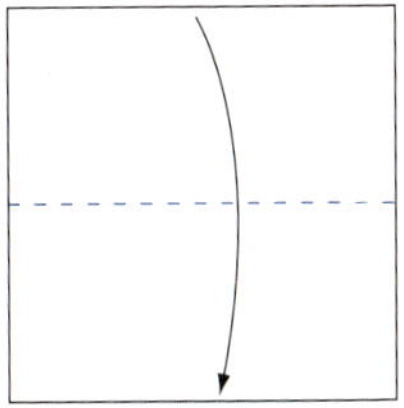

しろいめんをうえにして
おき、はんぶんにおる

2

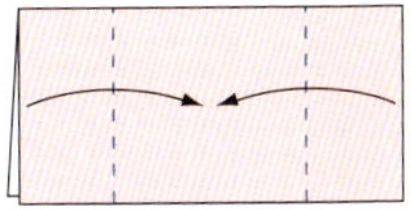

りょうはしをちゅうし
んにむけておる

3

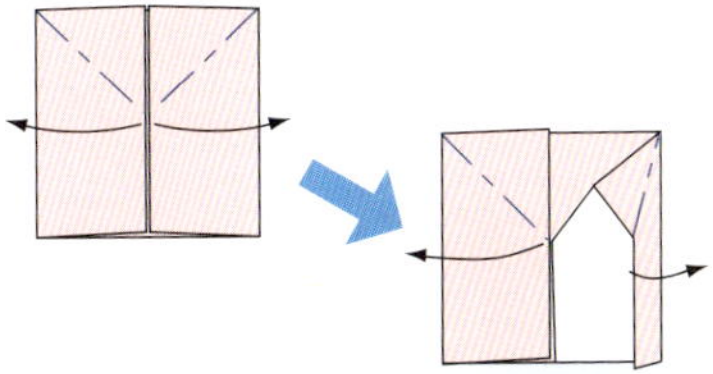

ひらいてつぶす

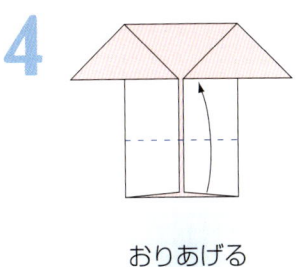

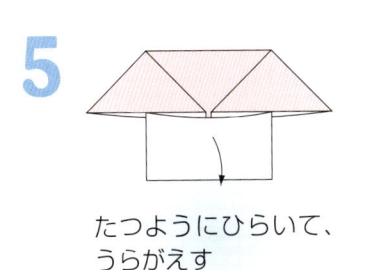

4

まどやドアをかいて、
できあがり

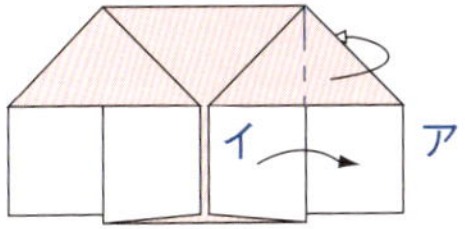

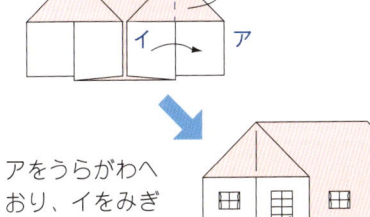

アをうらがわへ
おり、イをみぎ
におると、おう
ちのかたちがか
わります

オルガン

とちゅうまでは、おうち2のつくりかたとおなじです。けんばんをかいてもいいでしょう。きちんとたつように、おりせんをしっかりつけましょう。

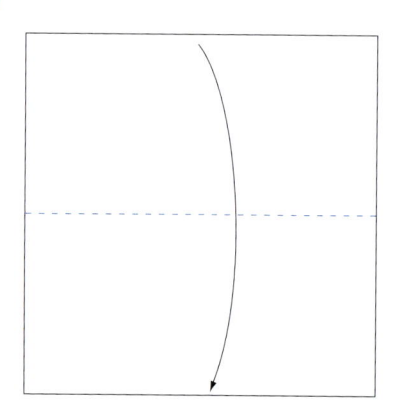

1

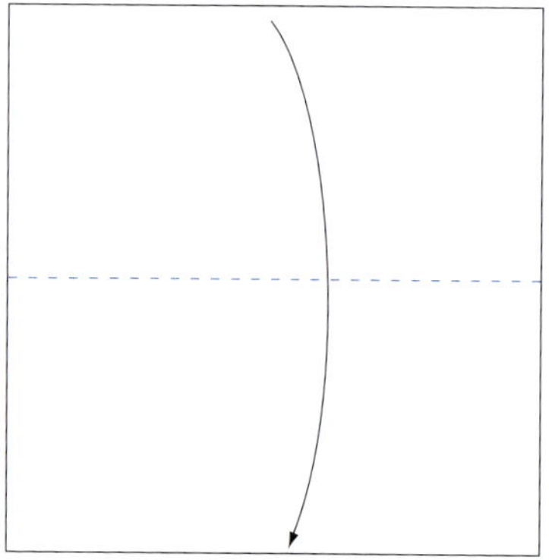

しろいめんをおもてにしておき、はんぶんにおる

2

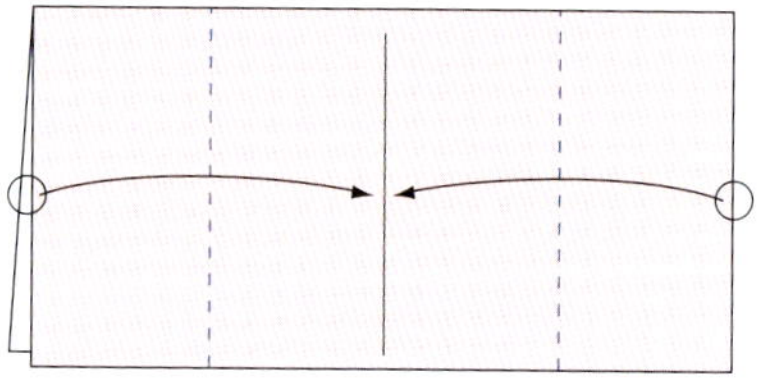

○がちゅうしんであうようにおる

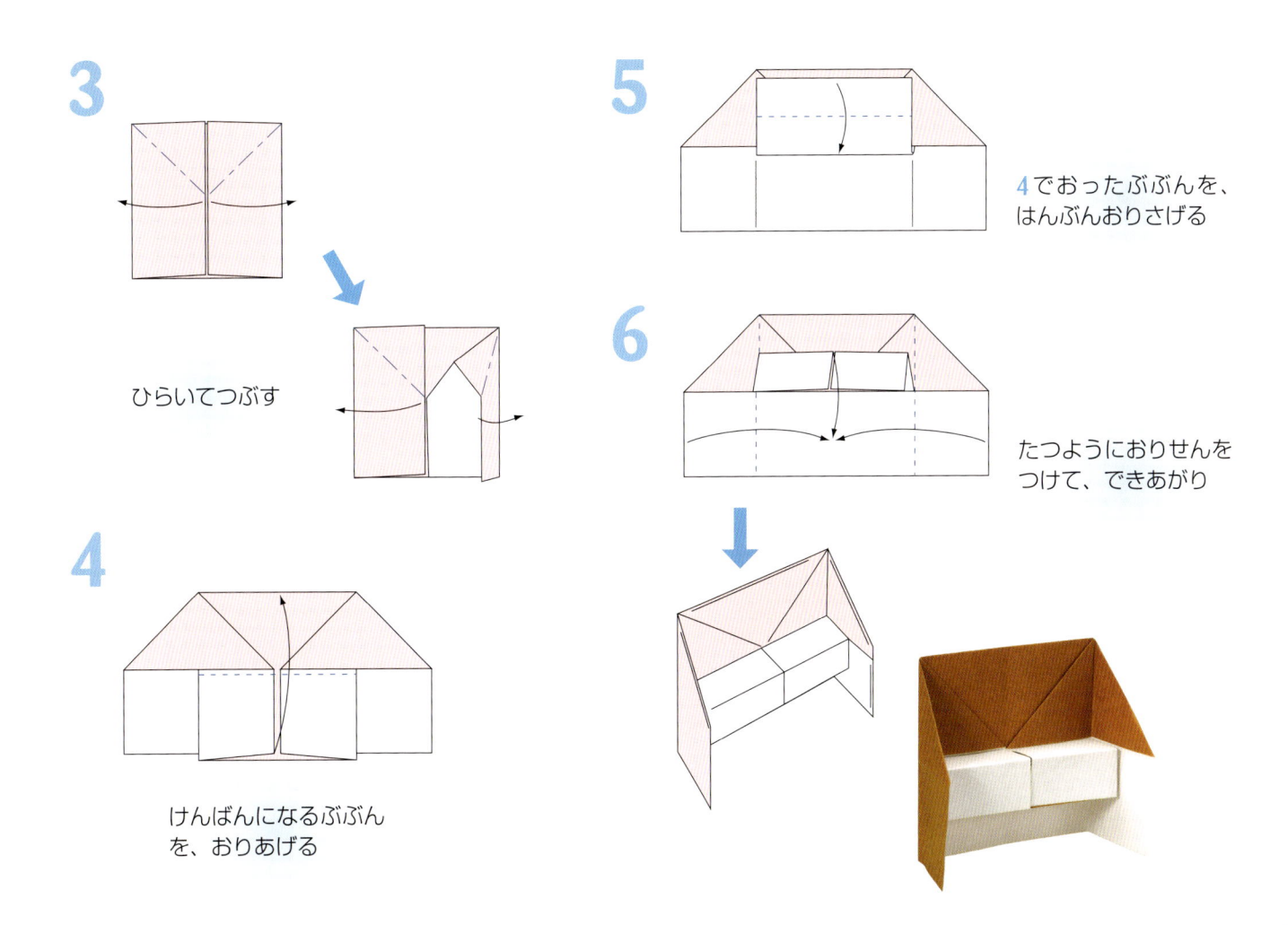

3

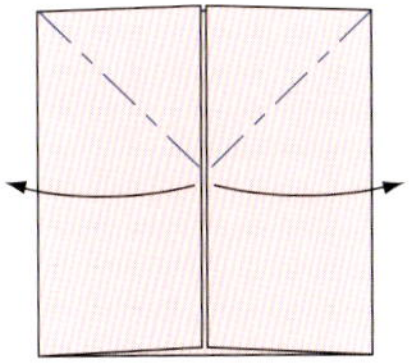

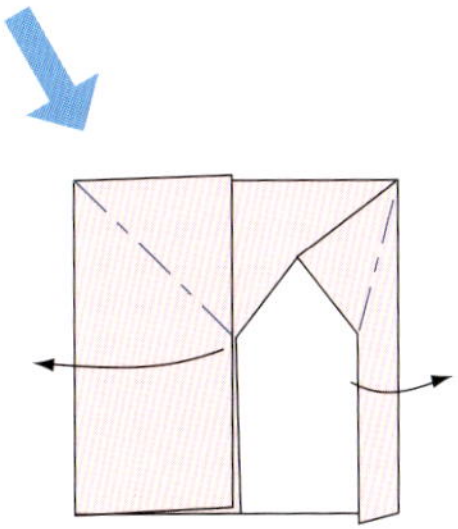

ひらいてつぶす

4

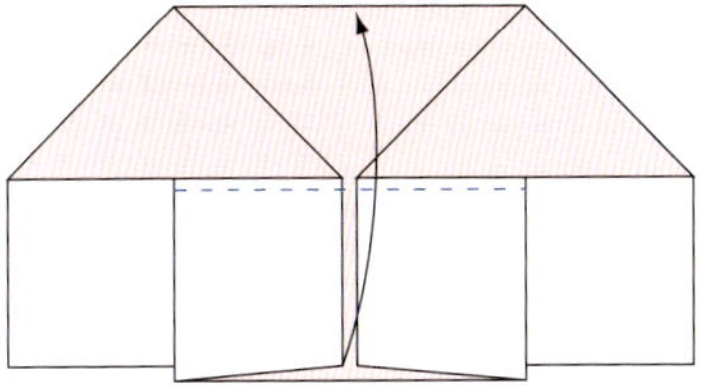

けんばんになるぶぶん
を、おりあげる

5

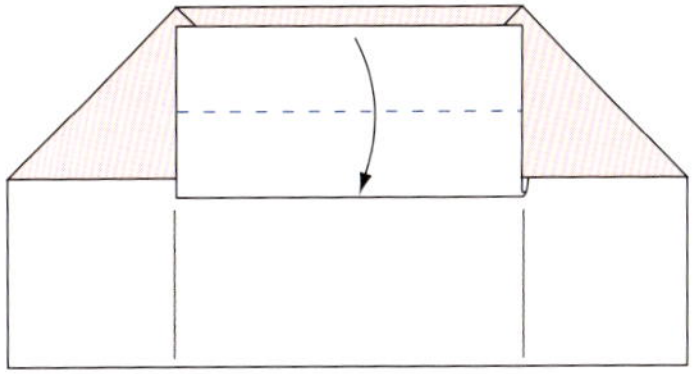

4でおったぶぶんを、
はんぶんおりさげる

6

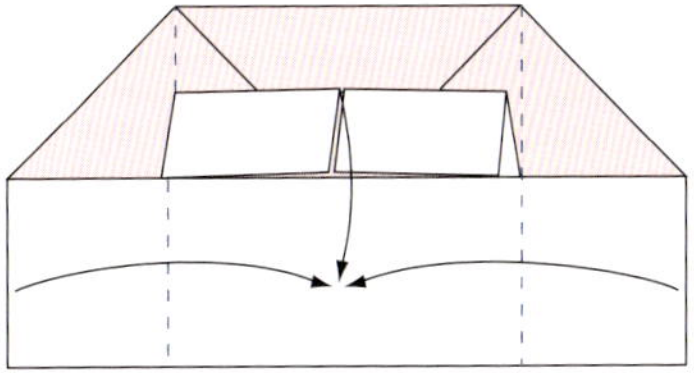

たつようにおりせんを
つけて、できあがり

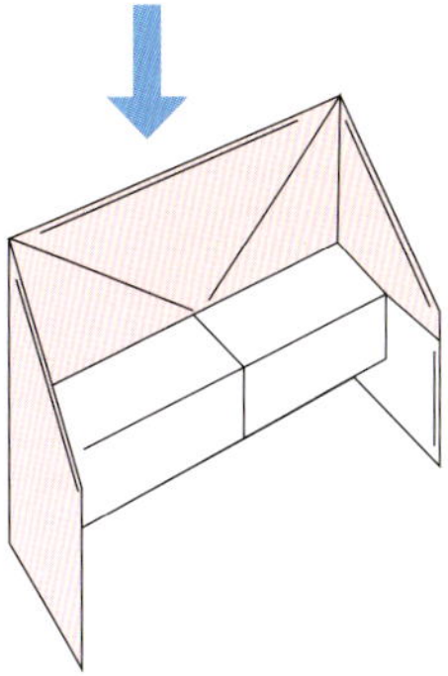

いす

ちゅうしんにあわせておることを、3かいくりかえ
します。あしのぶぶんの、ながさがそろうように、
ていねいにおります。

1

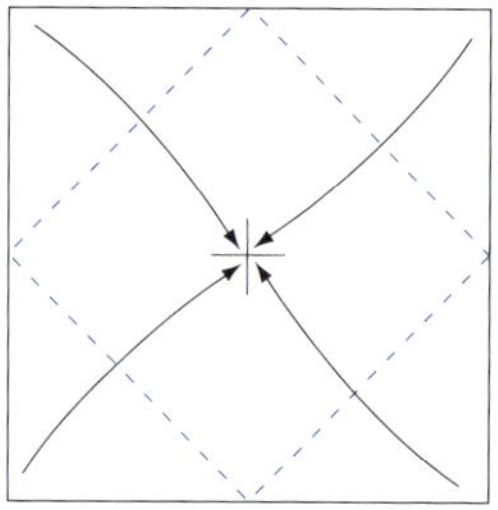

しろいめんをおもてにし
ておき、4つのかどをち
ゅうしんにむけておる

2

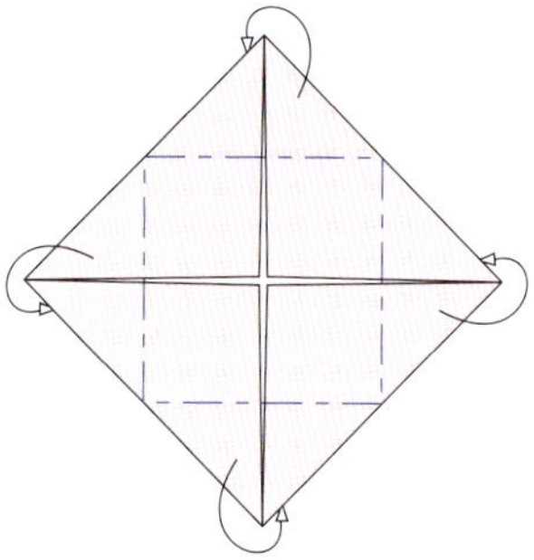

4つのかどを、うらが
わにおる

3

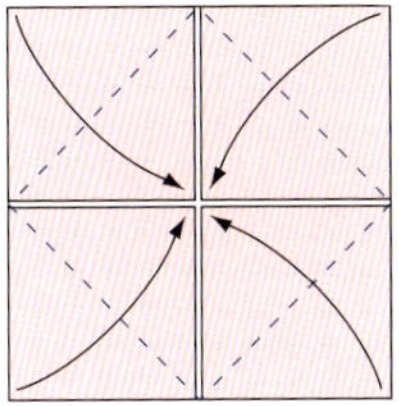

さらにおる

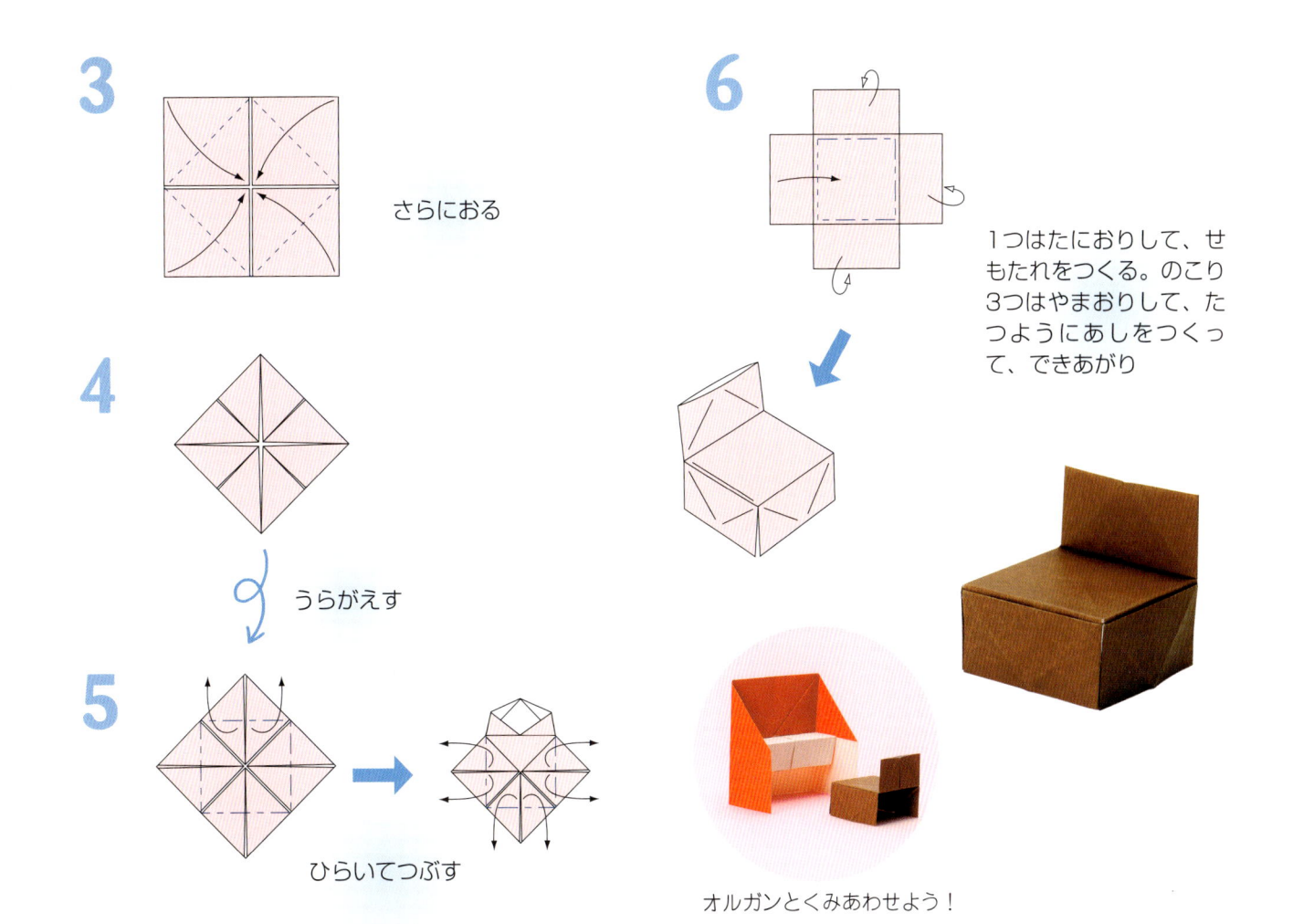

4

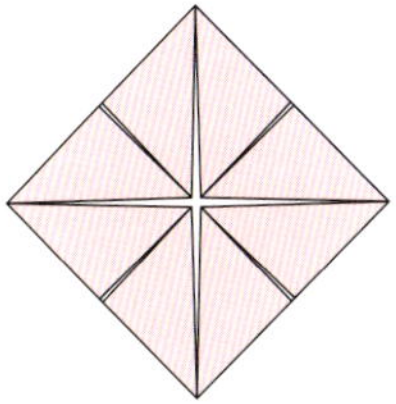

うらがえす

5

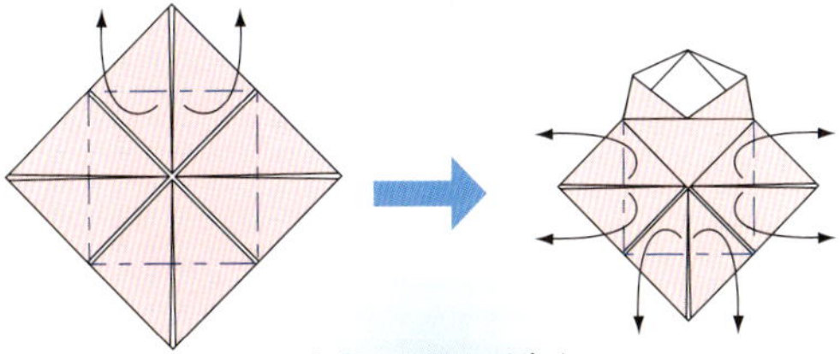

ひらいてつぶす

6

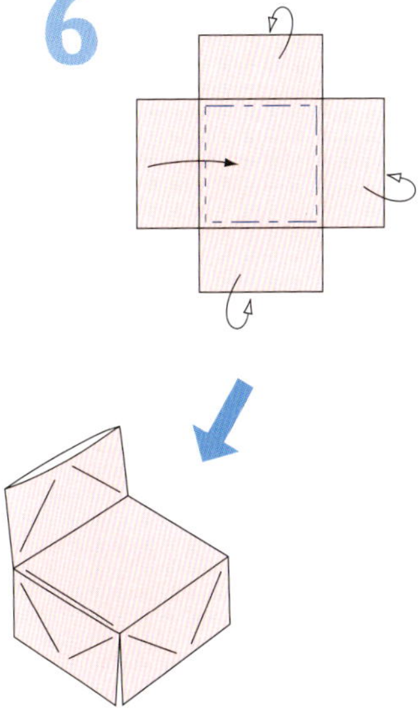

1つはたにおりして、せもたれをつくる。のこり3つはやまおりして、たつようにあしをつくって、できあがり

オルガンとくみあわせよう！

かざぐるま

わりばしなどにとめると、よりかざぐるまらしさがでます。かみのいろや、もようをしんちょうにえらんで、すてきなかざぐるまをつくりましょう。

1

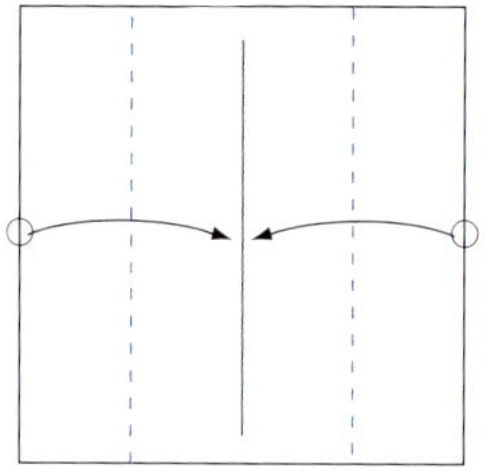

しろいめんのちゅうしんに、おりせんをつけてから、○がちゅうしんであうようにおる

2

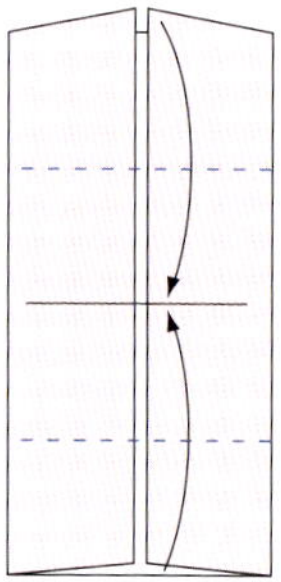

ちゅうしんにおりせんをつけて、うえとしたのはしがあうようにおる

3

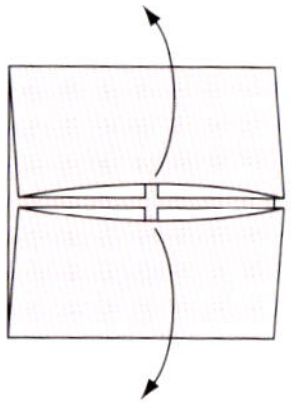

2でおったところをひらく

4

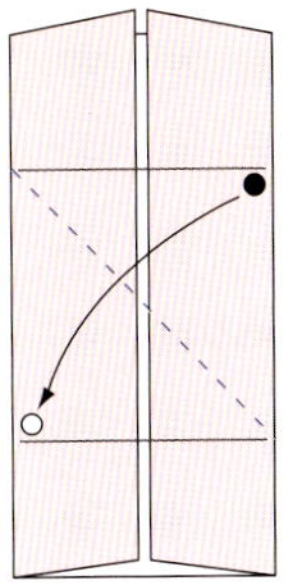

●と○をあわせて、ななめにおる

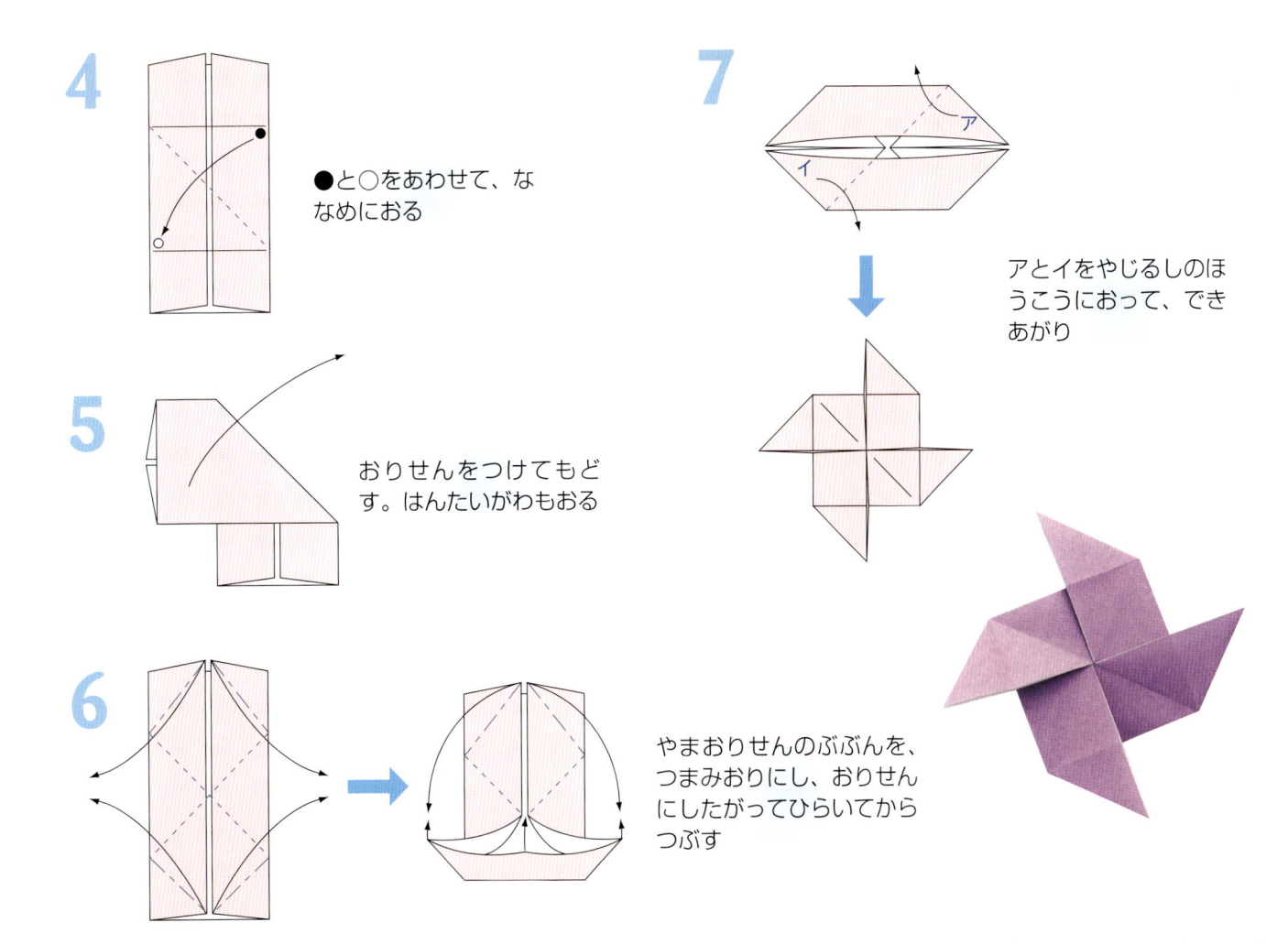

5

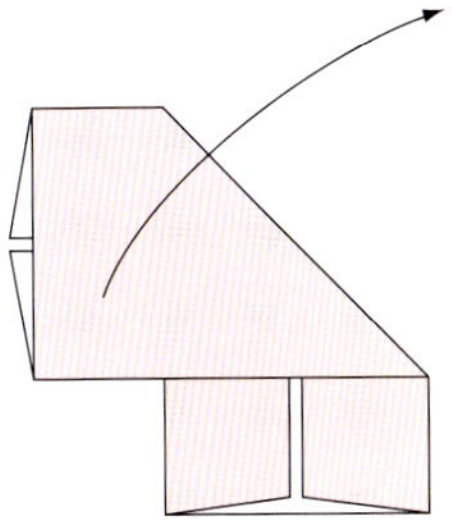

おりせんをつけてもどす。はんたいがわもおる

6

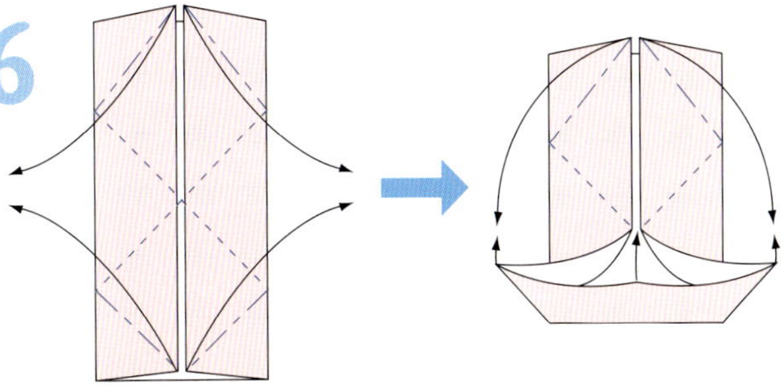

やまおりせんのぶぶんを、つまみおりにし、おりせんにしたがってひらいてからつぶす

7

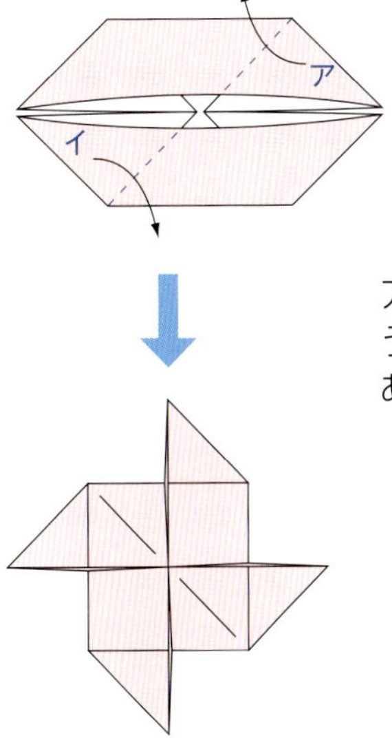

アとイをやじるしのほうこうにおって、できあがり

かぶと

「こどものひ」などにかざる、かぶとです。しんぶんしなどの、おおきなかみでつくれば、かぶることができます。

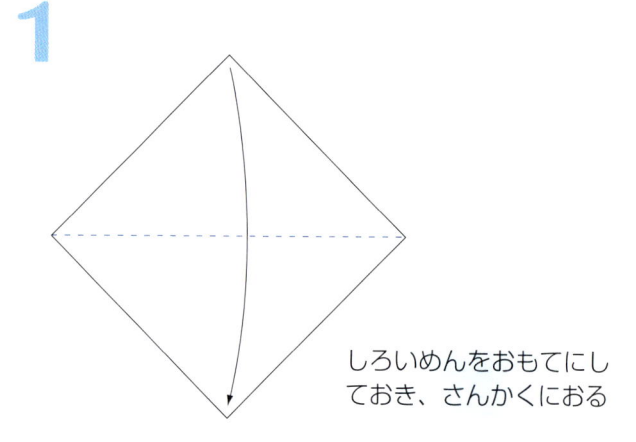

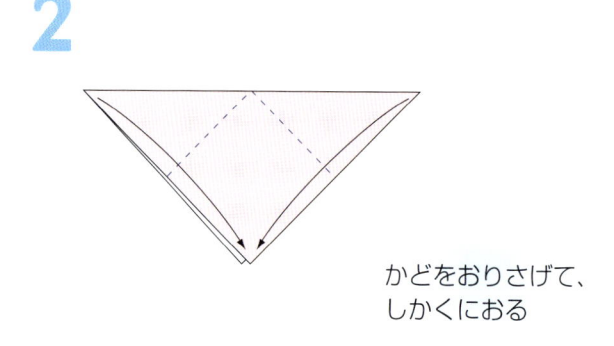

1

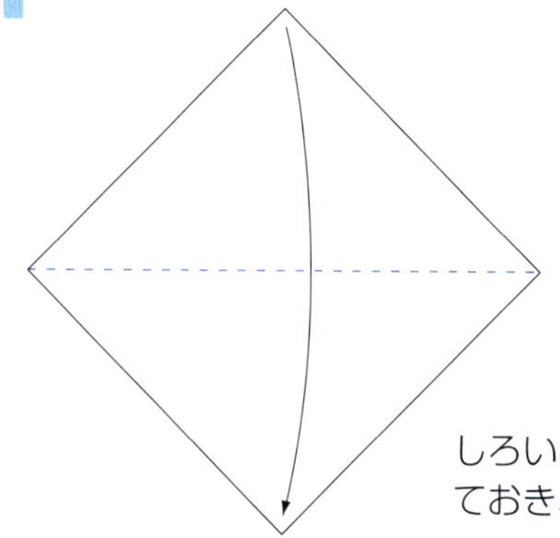

しろいめんをおもてにしておき、さんかくにおる

2

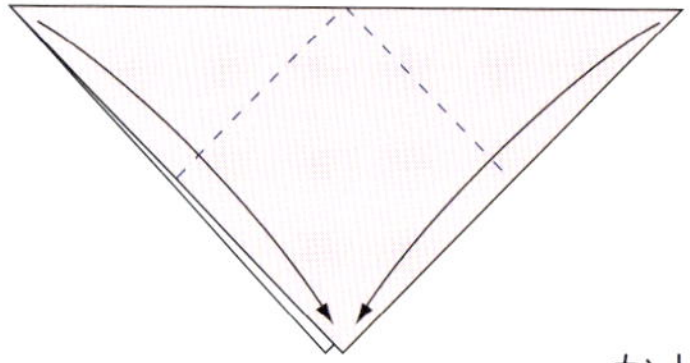

かどをおりさげて、しかくにおる

3

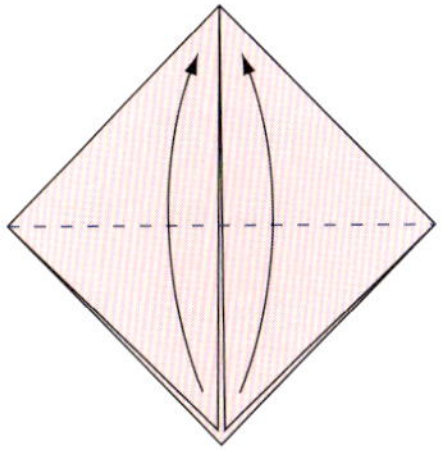

2でおったかどをおりあげる

4

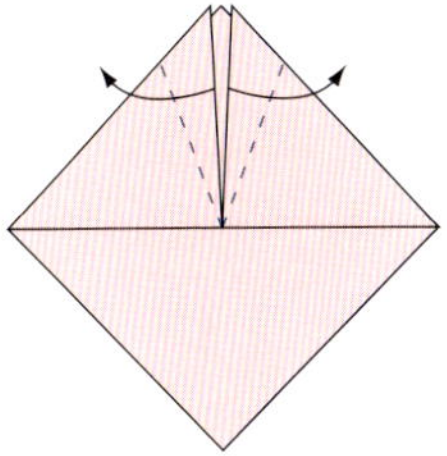

3でおりあげたさきを、やじるしのようにおる

5

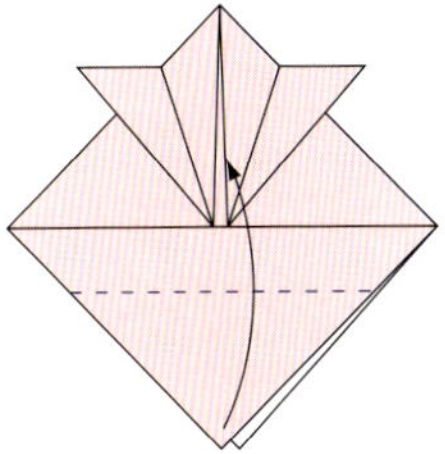

うえの1まいをおりあげる

6

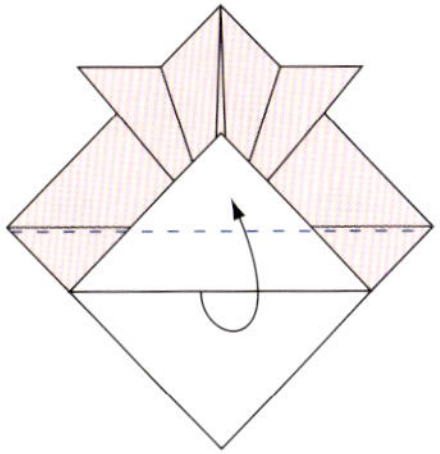

さらに、おりあげる

7

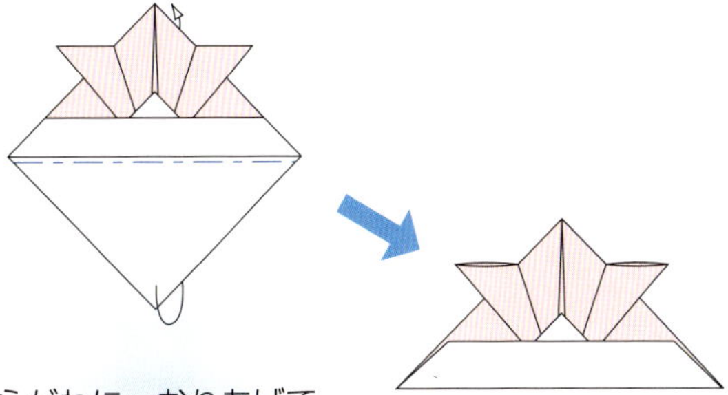

うらがわに、おりあげて、できあがり

かんたん・かわいい おりがみ

2008年2月7日　初版発行
著　者　坂田英昭
発行者　佐藤秀一
発行所　東京書店株式会社

〒113-0033　東京都文京区本郷1-1-1
TEL.03-3813-6324　FAX.03-3813-6326
http://www.tokyoshoten.net
郵便振替口座　0018－9－21742

編集　瀬上美幸
写真　林　均
印刷・製本　モリモト印刷株式会社
表紙・カバーデザイン　平山貴文
本文・DTP　株式会社ライラック（崎田麻里子）

Printed in Japan
ISBN978-4-88574-776-2